POINTS OF DEPARTURE

JEWISH POETRY SERIES
Yehuda Amichai / Allen Mandelbaum   GENERAL EDITORS

Pamela White Hadas
IN LIGHT OF GENESIS

Else Lasker-Schüler
HEBREW BALLADS AND OTHER POEMS

Avoth Yeshurun
THE SYRIAN-AFRICAN RIFT AND OTHER POEMS

Dan Pagis

POINTS OF DEPARTURE

Translated by STEPHEN MITCHELL

With an introduction by Robert Alter

The Jewish Publication Society of America · Philadelphia 5742/1981

JEWISH POETRY SERIES

First edition
Manufactured in the United States of America

The Hebrew poems are from Shahut Me'uheret, *copyright © 1964 by Dan Pagis;* Gilgul, *copyright © 1970 by Dan Pagis;* Mo'ah, copyright © *1975, 1977, by Hakibbutz Hameuchad; and* Shneym Asar Panim, *copyright © 1981 by Hakibbutz Hameuchad, reproduced courtesy of the publisher.*

Several of the translations first appeared in Ariel, Encounter, The Jerusalem Post, Midstream, Moment, *and* The New Republic; *and in Dan Pagis,* Selected Poems, *copyright © 1972 by Carcanet Press, and T. Carmi and Dan Pagis,* Selected Poems, *copyright © 1976 by Penguin Books.*

1981

Library of Congress in Publication Data
Pagis, Dan.
Points of departure.
(Jewish poetry series)
English and Hebrew. Poems.
I. Mitchell, Stephen. II. Title. III. Series.
PJ5054.P32A25 1981 892.4'16 81-14285
ISBN 0-8276-0200-6 AACR2
ISBN 0-8276-0201-4 (pbk.)

Designed by Adrianne Onderdonk Dudden

For Ada, Merav, and Jonathan

לוח השירים

Contents

Introduction

ROBERT ALTER

It is a curious fact that the three leading Hebrew poets of the generation that began to publish shortly after the founding of the State of Israel were all born in German-speaking Europe—Dan Pagis in Bukovina, Yehuda Amichai in Bavaria, and Nathan Zach in Berlin. Of the three, Pagis's cultural displacement was the most drastic. Zach and Amichai both were brought to Palestine with their families in the mid-1930s, Zach at the age of five and Amichai at the age of twelve. Pagis did not reach Palestine until 1946, after having spent the first part of his adolescence in a Nazi concentration camp. The product of a Germanized Jewish home in what was once an eastern province of the Austro-Hungarian Empire, he probably never would have known Hebrew, never have had any serious connection with Israel or the Jewish cultural heritage, had he not been expelled from Europe by this ghastly spasm of historical violence and cast, for lack of any other haven, into the Middle East.

In the astonishing space of three or four years, he was publishing poetry in his newly learned language. This rapid determination to become a poet in Hebrew, I venture to guess, was not only a young person's willed act of adaptation but also the manifestation of a psychological need to seek expression in a medium that was itself a radical displacement of his native language. Displacement would remain a governing concept in Pagis's poetry, from the repeated and often flaunted effects of defamiliarization in his imagery, to his eerie refractions of the cataclysm that swept away European Jewry, to the global perspectives of his remarkable "evolutionary" and science-fiction poems, where time is accelerated, distorted, even reversed, and earthly existence is seen characteristically from an immense telescopic distance.

In stressing the role of Hebrew as the poet's linguistic medium of displacement, I do not mean to suggest that Pagis is estranged in any way from the language in which he writes. In fact, the revolution in

Hebrew verse that he, Amichai, and Zach helped bring about was above all the perfection of a natural-sounding colloquial norm for Hebrew poetry. Perhaps it may have been easier for them to do this because as children suddenly called upon—by the inexorable pressure of their peer groups first of all—to possess a completely new linguistic competence, their primary associations were with the spoken language. Of the three, Pagis and Amichai make the most frequent efforts to incorporate elements of classical Hebrew in their predominantly colloquial diction, but in opposite ways—Amichai quite often imbedding allusive and ironically pointed bits of traditional texts in his own language, Pagis more unobtrusively modulating into locutions that recall in the Hebrew a higher literary decorum or, occasionally and somewhat distantly, a specific biblical or rabbinic text. As a poet, Pagis generally prefers contemporary vehicles and a contemporary sound, but it is also worth keeping in mind that the sixteen-year-old immigrant ignorant of Hebrew so thoroughly assimilated the rich classical tradition of the language that in his scholarly work he has become the foremost living authority on the poetics of Hebrew literature in the High Middle Ages and the Renaissance.

The experience of displacement that I have proposed as a key to Pagis's poetry is felt most pervasively in the brilliant obliquity of the stances he typically assumes. Again, the contrast with Amichai, who is so often confessional, autobiographical, vividly personal, is striking. There is a submerged freight of horror in a good deal of Pagis's work, but precisely because the historical occasion for it is so enormous, the way he finds to give it compelling expression without the shrillness of hysteria or the bathos of pseudoprophetic pronouncement is to cultivate a variety of distanced, ventriloquistic voices that become authentic surrogates for his own voice. When he writes a poem called "Autobiography," it is the autobiography of an archetype, Abel, the first victim; Abel is also, among many other avatars, Dan Pagis, 1939–45:

> you can die once, twice, even seven times,
> but you can't die a thousand times.
> I can.
> My underground cells reach everywhere.

In the poems that deal directly with genocide, this use of distanced and multiple voices is linked with an impulse to pull apart the basic categories of existence and reassemble them in strange configurations that expose the full depth of the outrage perpetrated. It is as though time and space (the affinity with the science-fiction poems is clear), man and God, self and other, body and soul, had been spun through a terrific centrifuge to be weirdly separated out, their positions disconcertingly reversed. The concluding stanza of "Testimony," to cite one of many memorable examples, extracts from its reconstitution of the cosmos an irony so comprehensive that it almost includes a note of consolation in its bitter dream of an encounter between wraithlike man and wraithlike God. The final clause of the poem turns dizzyingly on a verse from *Yigdal,* the medieval hymn based on Maimonides' Thirteen Principles, which declares that God "has no body [*guf,* rendered in the translation below as 'face'] nor the image of a body."

> And he in his mercy left nothing of me that would die.
> And I fled to him, floated up weightless, blue,
> forgiving—I would even say: apologizing—
> smoke to omnipotent smoke
> that has no face or image.

Odd as it may seem at first, Pagis is also a playful poet. The operation of this playfulness is perfectly continuous with the radical displacements of his more darkly brooding poems. The apparent contradiction here is readily resolved. If displacement has been one of the basic conditions of his own existence, the decision to make that condition into poetry was a way of converting it from a fate passively suffered into an imaginative ordering actively achieved. The same poetic force that juggles ontological categories in the Holocaust poems, transforming Creator and victim alike into faceless smoke, or a fleeing refugee into "imaginary man" (in "Instructions for Crossing the Border"), is also behind the metamorphosis of armchairs and balloons into strange and wonderful animals in the delightful group of recent poems, "Bestiary." The oddest animal of the bestiary is, of course, that predatory biped who "alone/cooks animals, peppers them." But this oddness is only the reverse, witty side of the perception in the Holocaust poems of something radically uncanny about man—abysmally so when he puts on boots and marches people into boxcars, astonishingly so when as victim he manages, despite everything, to survive. In "Bestiary," however, the oddness of the human animal produces a kind of existential comedy:

> . . . he alone laughs,
> and, strangest of all, rides of his own free will
> on a motorcycle.
> He has four limbs,
> two ears,
> a hundred hearts.

Another relatively recent poem, "Jason's Grave in Jerusalem," is a striking illustration of these metamorphic powers of imagination, of how the once-displaced person has become an artificer of suggestive displacements. Jason's tomb really exists in the midst of a prosperous residential neighborhood in Jerusalem, a city where the living and the dead are in any case mingled promiscuously through architecture, topography, and archaeological remains surrounded by urban bustle. This is one of the rare poems in which Pagis actually introduces an explicit element of the Israeli landscape; characteristically, he spins out of this Jerusalem burial chamber dug into the living rock an imaginative credenza in which land and sea, incarceration and flight, the contemporary and the archaic, life and death, myth and actuality, spiral around each other in a lovely dance.

The Hellenistic Jason of the Judean King Yannai's court blends into the legendary Jason pursuing the golden fleece. The catalyst for this and all the other transformations of the poem is the image of a ship scratched on the wall of the tomb—in effect, an emblem inscribed within the poem's imagined world of the magical property of artifice to become a vehicle of escape from the constraints of the quotidian, from what Pagis elsewhere calls "the limits of physics." The golden fleece seized by this Jason, as we learn in the last three lines, turns out to be the sheer sensuous splendor of the Mediterranean world through which the fabled hero glides. In the Hebrew, that climactic sensuousness is made palpable in the rich play of alliteration and assonance through which the concluding nine words of the poem are finely interwoven: *shémesh shel máyim/méshi shel rúah/sháyish shel kétzef.* No translation could reproduce just that effect, but here as elsewhere, the resourcefulness and sensitivity of Stephen Mitchell's version are remarkable. For Pagis's poetry is not only wry and shrewdly colloquial (qualities more readily translatable into contemporary English), but it also on occasion delights in the texture of language and the feel of experience this texture is made to match. For that quality, too, Stephen Mitchell has fashioned eminently workable English equivalents. Thus, at the end of "Jason's Grave in Jerusalem," Pagis's antique sailor is said to smuggle, "with great profit . . . very expensive merchandise." And now those last three lines in English:

sunlight of water,
velvet of sea-breeze,
marble of foam.

Some English discussions of Pagis's work have tended to pigeonhole him as a "poet of the Holocaust," but in fact his imaginative landscape extends from the grim vistas of genocide to the luminous horizon of medieval Hebrew poetry in the Iberian peninsula. He is, after all, the gifted expositor of Moses Ibn Ezra, Judah Halevi, Solomon Ibn Gabirol, and the other great poets of the eleventh and twelfth centuries who responded so richly to the colors and images and aesthetic values of worldly existence, who celebrated in the intricate, formal artifice of their verse the abiding power of art. Pagis's own poetry, of course, is necessarily more understated and more conversational than the medieval texts he has studied, but in its distinctively modern idiom it, too, is a self-conscious demonstration and affirmation of what the poetic imagination can do.

יוּחֲסִין

GENEALOGY

אוטוֹבִּיוֹגְרַפְיָה

מַתִּי בַּמַּכָּה הָרִאשׁוֹנָה וְנִקְבַּרְתִּי
בִּשְׂדֵה הַטְּרָשִׁים.
הָעוֹרֵב הוֹרָה לְהוֹרַי
מַה לַּעֲשׂוֹת בִּי.

מִשְׁפַּחְתִּי מְכֻבֶּדֶת, לֹא מְעַט בִּזְכוּתִי.
אָחִי הִמְצִיא אֶת הַהֶרֶג,
הוֹרַי אֶת הַבֶּכִי,
אֲנִי אֶת הַשְּׁתִיקָה.

אַחַר כָּךְ נָפְלוּ הַדְּבָרִים הַזְּכוּרִים הֵיטֵב.
הַהַמְצָאוֹת שֶׁלָּנוּ שֻׁכְלְלוּ. דָּבָר גָּרַר דָּבָר,
הוּצְאוּ צַוִּים. הָיוּ גַּם שֶׁהָרְגוּ לְפִי דַּרְכָּם,
בָּכוּ לְפִי דַּרְכָּם.

לֹא אַזְכִּיר שֵׁמוֹת
מִתּוֹךְ הִתְחַשְּׁבוּת בַּקּוֹרֵא,
כִּי בִּתְחִלָּה עֲלוּלִים הַפְּרָטִים לְהַבְעִית,
אֲבָל בְּסוֹפוֹ שֶׁל דָּבָר הֵם מְיַגְּעִים:

אַתָּה יָכוֹל לָמוּת פַּעַם, פַּעֲמַיִם, אֲפִלּוּ שֶׁבַע פְּעָמִים,
אֲבָל אֵינְךָ יָכוֹל לָמוּת רְבָבוֹת.
אֲנִי יָכוֹל.
תָּאֵי הַמַּחְתֶּרֶת שֶׁלִּי מַגִּיעִים לְכָל מָקוֹם.

כַּאֲשֶׁר הֵחֵל קַיִן לִפְרֹץ עַל פְּנֵי הָאֲדָמָה
הַחִלּוֹתִי אֲנִי לִפְרֹץ בְּבֶטֶן הָאֲדָמָה,
וּמִזְּמַן עוֹלֶה כֹּחִי עַל כֹּחוֹ.
גְּדוּדָיו נוֹטְשִׁים אוֹתוֹ וּמִצְטָרְפִים אֵלַי,
וַאֲפִלּוּ זֶה רַק חֲצִי נְקָמָה.

Autobiography

I died with the first blow and was buried
among the rocks of the field.
The raven taught my parents
what to do with me.

If my family is famous,
not a little of the credit goes to me.
My brother invented murder,
my parents invented grief,
I invented silence.

Afterwards the well-known events took place.
Our inventions were perfected. One thing led to another,
orders were given. There were those who murdered in their own
    way,
grieved in their own way.

I won't mention names
out of consideration for the reader,
since at first the details horrify
though finally they're a bore:

you can die once, twice, even seven times,
but you can't die a thousand times.
I can.
My underground cells reach everywhere.

When Cain began to multiply on the face of the earth,
I began to multiply in the belly of the earth,
and my strength has long been greater than his.
His legions desert him and go over to me,
and even this is only half a revenge.

אַחִים

1

הֶבֶל צַח הָיָה וְצַמְרִי
וּכְאִלּוּ עָנָו
כְּאַחֲרוֹן הַגְּדָיִים הָרַכִּים,
וּמִתְלַתֵּל כַּעֲשַׁן הַמִּנְחָה שֶׁשָּׁלַח
אֶל אַפֵּי אֲדוֹנָיו.
קַיִן יָשָׁר הָיָה: כְּסַכִּין.

2

קַיִן תָּמֵהַּ. יָדוֹ הַגְּדוֹלָה מְגַשֶּׁשֶׁת
בְּתוֹךְ הַגָּרוֹן הַשָּׁחוּט לְפָנָיו:
מִנַּיִן בּוֹקַעַת הַדְּמָמָה?

3

הֶבֶל נִשְׁאַר בַּשָּׂדֶה. קַיִן נִשְׁאַר קַיִן. וּמִפְּנֵי שֶׁנִּגְזַר עָלָיו לִהְיוֹת נָע וָנָד, הוּא נָע וָנָד בִּשְׁקִידָה. מַחֲלִיף בְּכָל בֹּקֶר אֹפֶק בְּאֹפֶק. יוֹם אֶחָד הוּא מְגַלֶּה: הָאֲדָמָה שִׁטְּתָה בּוֹ בִּמְרוּצַת הַשָּׁנִים. הִיא נָעָה, אַךְ הוּא, קַיִן, דָּרַךְ בַּמָּקוֹם. דָּרַךְ, צָעַד, רָץ, רַק עַל פִּסַּת עָפָר יְחִידָה, גְּדוֹלָה בְּדִיּוּק כְּמוֹ סֻלְיוֹת סַנְדָּלָיו.

4

בְּעֶרֶב שֶׁל חֶסֶד מִזְדַּמֶּנֶת לוֹ
עֲרֵמָה שֶׁל שַׁחַת טוֹבָה.
הוּא שׁוֹקֵעַ, נִבְלָע בָּהּ, נָח.
הַס, קַיִן יָשֵׁן.
מֵאֹשֶׁר הוּא חוֹלֵם שֶׁהוּא הֶבֶל.

5

אַל תִּירָא, אַל תִּירָא.
כְּבָר נִגְזַר עַל הַקָּם לְהָרְגְּךָ
כִּי שִׁבְעָתַיִם תֻּקַּם.
הֶבֶל אָחִיךָ שׁוֹמֵר אוֹתְךָ מִכָּל רָע.

Brothers

1

Abel was blond and wooly
and looked as humble
as the softest of his little goats
and curled like the smoke of the offering
that he sent up
to the nose of his lord.
Cain was straight: like a knife.

2

Cain is dumbstruck. His large hand
gropes in the slaughtered throat in front of him:
where has this silence burst from?

3

Abel remains in the field. Cain remains Cain. And since it was decreed
that he is to be a wanderer, he wanders diligently. Each morning he
changes horizons. One day he discovers: the earth tricked him all
those years. *It* had moved, while he, Cain, had walked on one spot.
Had walked, jogged, run, on a single piece of ground exactly as big as
his sandals.

4

On an evening of mercy he happens upon
a convenient haystack.
He sinks in, is swallowed, rests.
Shhh, Cain is asleep.
Smiling, he dreams that he is his brother.

5

Do not be afraid.
It has been decreed that whoever kills you
shall be punished sevenfold.
Your brother Abel guards you from all harm.

דְּרָשָׁה

כְּבָר מֵרֹאשׁ לֹא הָיוּ הַכֹּחוֹת שְׁקוּלִים: הַשָּׂטָן שַׂר גָּדוֹל בַּמָּרוֹם, וְאִיּוֹב בָּשָׂר וָדָם. גַּם מִלְּבַד זֶה לֹא הָיְתָה הַתַּחֲרוּת הוֹגֶנֶת. אִיּוֹב שֶׁקִּפַּח אֶת עָשְׁרוֹ וְשִׁכֵּל אֶת בָּנָיו וּבְנוֹתָיו וְהֻכָּה בִּשְׁחִין לֹא יָדַע כְּלָל שֶׁזּוֹ תַּחֲרוּת.

כֵּיוָן שֶׁהִתְלוֹנֵן יוֹתֵר מִדַּי, הִשְׁתִּיק אוֹתוֹ הַשּׁוֹפֵט. וְהִנֵּה, כֵּיוָן שֶׁהוֹדָה וְשָׁתַק, נִצַּח, בְּלֹא שֶׁיֵּדַע, אֶת יְרִיבוֹ. וּבְכֵן הוּשַׁב לוֹ עָשְׁרוֹ וְנִתְּנוּ לוֹ בָּנִים וּבָנוֹת – חֲדָשִׁים כַּמּוּבָן – וְנִטַּל מִמֶּנּוּ אֶבְלוֹ עַל הָרִאשׁוֹנִים.

יָכֹלְנוּ לַחְשֹׁב שֶׁהַפִּצּוּי הַזֶּה הוּא הַנּוֹרָא מִכֹּל; יָכֹלְנוּ לַחְשֹׁב שֶׁהַנּוֹרָא מִכֹּל הוּא חֶסְרוֹן דַּעְתּוֹ שֶׁל אִיּוֹב, שֶׁלֹּא הֵבִין שֶׁנִּצַּח, וְאֶת מִי. אֲבָל הַנּוֹרָא מִכֹּל הוּא בָּזֶה, שֶׁאִיּוֹב לֹא הָיָה וְלֹא נִבְרָא, אֶלָּא מָשָׁל הָיָה.

Homily

From the start, the forces were unequal: Satan a grand seigneur in heaven, Job mere flesh and blood. And anyway, the contest was unfair. Job, who had lost all his wealth and had been bereaved of his sons and daughters and stricken with loathsome boils, wasn't even aware that it was a contest.

Because he complained too much, the referee silenced him. So, having accepted this decision, in silence, he defeated his opponent without even realizing it. Therefore his wealth was restored, he was given sons and daughters—new ones, of course—and his grief for the first children was taken away.

We might imagine that this retribution was the most terrible thing of all. We might imagine that the most terrible thing was Job's ignorance: not understanding whom he had defeated, or even that he had won. But in fact, the most terrible thing of all is that Job never existed and was just a parable.

שִׁעוּר בְּתַצְפִּית

A LESSON IN
OBSERVATION

אַחֲרוֹנִים

אֲנִי כְּבָר נָדִיר לְמַדַּי. זֶה שָׁנִים
שֶׁנִּגְלֵיתִי רַק פֹּה וָשָׁם
בְּשׁוּלֵי הַגּ'וּנְגֶל הַזֶּה. גּוּפִי הַמְגֻשָּׁם
מֻסְוֶה יָפֶה בֵּין קְנֵי הַסּוּף וְנִצְמָד
אֶל הַצֵּל הַלַּח מִסְּבִיבוֹ.
בִּתְנָאֵי תַּרְבּוּת בִּכְלָל לֹא הָיִיתִי מַחֲזִיק מַעֲמָד.
אֲנִי עָיֵף. רַק הַשְּׂרֵפוֹת הַגְּדוֹלוֹת
עוֹד מְגָרְשׁוֹת אוֹתִי מִמַּחֲבוֹא לְמַחֲבוֹא.

וּמָה עַכְשָׁו? תְּהִלָּתִי הִיא רַק בַּשְּׁמוּעָה
שֶׁמֵּעֵת לְעֵת
וַאֲפִלּוּ מִשָּׁעָה לְשָׁעָה
אֲנִי הוֹלֵךְ וּמִתְמַעֵט.
אֲבָל נָכוֹן שֶׁבָּרֶגַע הַזֶּה מִישֶׁהוּ
עוֹקֵב אַחֲרַי. בִּזְהִירוּת אֲנִי זוֹקֵף
אֶת כָּל אָזְנַי וּמַמְתִּין. הַצַּעַד
כְּבָר בֶּעָלִים הַמֵּתִים. קָרוֹב מְאֹד, מְרַשְׁרֵשׁ. זֶהוּ?
אֲנִי הוּא? אֲנִי.
כְּבָר לֹא אַסְפִּיק לְפָרֵשׁ.

בַּמַּעְבָּדָה

הַנְּתוּנִים בִּכְלִי הַזְּכוּכִית: מִנְיָן עַקְרַבִּים
מִמִּשְׁפָּחוֹת שׁוֹנוֹת, חֶבְרָה אִטִּית, מִתְפַּשֶּׁרֶת,
רוֹחֶשֶׁת שִׁוְיוֹן. כָּל דּוֹרֵךְ גַּם נִדְרָךְ.
עַכְשָׁו הַנִּסּוּי: הַשְׁגָּחָה פְּרָטִית סַקְרָנִית נוֹפַחַת
אֶת אֵדֵי הָרַעַל פְּנִימָה
וּמִיָּד
כָּל אֶחָד וְאֶחָד יָחִיד בָּעוֹלָם,

The Last Ones

I am already quite scarce. For years
I have appeared only here and there
at the edges of this jungle. My graceless body,
well-camouflaged among the reeds, clings
to the damp shadow around it.
Had I been civilized,
I would never have been able to hold out.
I am tired. Only the great fires
still drive me from hiding-place to hiding-place.

And what now? My fame is only in the rumors
that from time to time
and even from hour to hour
I'm shrinking.
But it is certain that at this very moment
someone is tracking me. Cautiously
I prick all my ears and wait. The steps
already rustle the dead leaves. Very close. Here.
Is this it?

Am I it? I am.
There is no time to explain.

In the Laboratory

The data in the glass beaker: a dozen scorpions
of various species—a swarming, compromising
society of egalitarians. Trampling and trampled upon.
Now the experiment: an inquisitive creator blows
the poison gas inside
and immediately
each one is alone in the world,

זָקוּף עַל זְנָבוֹ, מְבַקֵּשׁ לוֹ
עוֹד רֶגַע מִקִּיר הַזְּכוּכִית.
הָעֶקֶץ כְּבָר מְיֻתָּר,
הַצְּבָתוֹת אֵינָן מְבִינוֹת,
גּוּף הַקַּשׁ הַיָּבֵשׁ נִצָּב לִשְׁעַת פְּקֻדָּתוֹ.
הַרְחֵק בֶּעָפָר נִבְהָלִים
מַלְאֲכֵי הַכָּרֵת.
רַק נִסּוּי, נִסּוּי. לֹא דִין
שֶׁל רַעַל תַּחַת רַעַל.

לִקְרַאת

גַּם אֲנִי, כְּכָל הַקּוֹפִים בַּסְּבִיבָה,
מִתְמַרְמֵר בֵּין עָנָף לְעָנָף:
הָעֵדֶן שֶׁעָבַר, שֶׁהָיָה מָלֵא שֶׁמֶשׁ, עָבַר.
עַכְשָׁו קַר. הָאֱגוֹזִים קָשִׁים מִדַּי,
טוֹרְפֵי הַלַּיְלָה גְּמִישִׁים יוֹתֵר וְיוֹתֵר.

זֶהוּ, אֲנִי מְהַגֵּר. שָׁלוֹם־שָׁלוֹם, יָצָאתִי.
מַה קּוֹרֶה,
הַלָּשׁוֹן מִסְתַּבֶּכֶת בְּפִי,
כְּתֵפַי, לְאָן כְּתֵפַי,
פִּתְאֹם שִׁעוּר קוֹמָה,
זְקוּף,
פִּתְאֹם כּוּפִים עָלַי
מָה, מֶצַח רָם!
נוּרוֹת, נוּרוֹת רוֹמְזוֹת.

מַה טּוֹבָה הַדְּמָמָה הַזֹּאת. כִּמְעַט כִּמְעַט נִשְׁלַמְתִּי.
אֲנִי בּוֹחֵר לִי חֲלִיפָה נָאָה,
מִתְכַּפְתֵּר, מַצִּית לִי סִיגָרִיָּה, לְאַט,
וְיוֹשֵׁב עִם הַסְּטוֹפֶּר, יְדִידִי הַיָּחִיד,
לְיַד הַשֻּׁלְחָן, מוּכָן כָּל־כֵּלַי
לִקְרַאת
הַמְצָאַת הַשַּׁחְמָט.

raised on its tail, stiff, begging the glass wall
for one more moment.
The sting is already superfluous;
the pincers do not understand;
the straw body waits for the final shudder.
Far away, in the dust, the sinister angels
are startled.
It's only an experiment. An experiment. Not a judgment
of poison for poison.

The Readiness

I too, like all the apes in the neighborhood,
grumble from branch to branch:
the past age, which was filled with sun, has passed.
Now it's cold. The nuts are too hard.
The carnivores are getting more and more supple.

This is it, I'm emigrating. Good-bye.

Hey, what's happening,
my tongue's tied in knots,
my shoulders, where are my shoulders,
suddenly I've got stature,
erectness,
suddenly I'm threatened with
what, a high brow!
Bulbs, flickering bulbs.

How good this silence is. I'm almost, almost perfected.
I pick out an attractive suit,
get dressed,
light up a cigarette, slowly,
and sit down with the stopwatch, my only friend,
beside the table, in perfect readiness
for the invention of chess.

אָדָם הַמְּעָרוֹת שׁוֹתֵק

בִּזְנַב הַזְּמַן תּוֹהִים נִינַי נִינַי
עַל גֻּלְגָּלְתִּי בְּגַל מְאֻבָּנִים:
כַּמָּה אַלְפֵי־אַלְפֵי שָׁנִים
טָחַנְתִּי בֵּין שִׁנַּי?

וּמָה הַחֲדָשׁוֹת אֲשֶׁר יַצִּילוּ
מִפִּי עַל הַמַּמּוּתוֹת? לִי יֵשׁ פְּנַאי.
אֲנִי שׁוֹתֵק. לֹא נִחֲשׁוּ אֲפִלּוּ
אֶת פָּנַי.

טוֹב, יִשְׂמְחוּ בַּשֶּׁלֶד שֶׁהוֹרַשְׁתִּי
בִּצְרוֹר עָפָר. אַךְ לוּ הִבִּיטוּ פְּנִימָה:
הֲרֵינִי כָּאן, בַּמְּעָרָה שֶׁלִּי,

עוֹד צַח־בָּשָׂר, רָגוּעַ לְהַפְלִיא,
עוֹד רַךְ וְחָם: אַף פַּעַם לֹא גֹּרַשְׁתִּי
מִטּוּב רַחְמָהּ שֶׁל אִמָּא!

שִׁעוּר בְּתַצְפִּית

שִׂימוּ לֵב, הָעוֹלָם הַמּוֹפִיעַ עַכְשָׁו
בְּאֶפֶס פְּסִיק אֶפֶס אַחַת מַעֲלוֹת
הָיָה,
עַד כַּמָּה שֶׁיָּדוּעַ, הַיָּחִיד
שֶׁחָרַג מִן הַדְּמָמָה.

רִחֵף בְּתוֹךְ בּוּעָה כְּחֻלָּה, גְּדוֹלָה לְמַדַּי:
וְלִפְעָמִים הָיוּ עֲנָנִים, רוּחוֹת יָם,
לִפְעָמִים בַּיִת, אוּלַי עֲפִיפוֹן, וִילָדִים,
וּפֹה וָשָׁם מַלְאָךְ,
אוֹ גַּן גָּדוֹל, אוֹ עִיר.
מִתַּחַת לָאֵלֶּה הָיוּ הַמֵּתִים, מִתַּחְתָּם
הַסֶּלַע, מִתַּחְתָּיו כֶּלֶא הָאֵשׁ.

The Caveman Is Not About to Talk

At time's tail-end, my great-grandchildren's great-
Grandchildren pause,
My skull in hand, and try to calculate
The centuries I ground between my jaws.

And what news of the mammoth will they wrest
From my laconic mouth? I've got time:
I'm not about to talk. They haven't guessed
My profile, even. Fine,

Let them enjoy the bones that I bequeath
In a clump of dust. But if they looked beneath:
Here I am,

Still in my cave, complexion like a baby's,
Pink and soft and wonderfully at ease,
Never expelled from Mama's cozy womb.

A Lesson in Observation

Pay close attention: the world that appears now
at zero-point-zero-one degrees
was, as far as is known,
the only one
that burst out of the silence.

It hovered within a blue bubble, fairly large;
and sometimes there were clouds, sea breezes,
sometimes a house, perhaps a kite, children,
and here and there an angel,
or a garden, or a town.
Beneath these were the dead, beneath them
rock, beneath this the fiery prison.

בָּרוּר? אֹמַר זֹאת שֵׁנִית: בַּחוּץ הָיוּ
עֲנָנִים, זְעָקוֹת, טִילִים אֲוִיר־אֲוִיר,
אֵשׁ בַּשָּׂדוֹת, זִכָּרוֹן.
מִתַּחַת לְאֵלֶּה, עָמֹק, הָיוּ בָּתִּים, יְלָדִים. מָה עוֹד.

הַנְּקֻדָּה שֶׁבַּצַּד? זֶה כַּנִּרְאֶה
הַיָּרֵחַ הַיָּחִיד שֶׁל הָעוֹלָם הַהוּא.
כִּבָּה אֶת עַצְמוֹ עוֹד לִפְנֵי כֵן.

חֲלָלִית

עוֹד מְעַט אֶצְטָרֵךְ לְהַתְחִיל. מִסְּבִיבִי
נִדְלְקוּ יְרֵחִים. נִשְׂרְפוּ.
אֲנִי קוֹלֵט אוֹר אַחֵר, אוּלַי מִבִּפְנִים, כְּמוֹ מָה,
כְּמוֹ פַּנָּס עָמוּם
בְּגַן־עִיר שֶׁשָּׁמַעְתִּי עָלָיו,
וַאֲנִי מְדַמֶּה לִי: עִיר. אֵיךְ הָיְתָה אֶפְשָׁרִית, לְמָשָׁל,
עִיר? מֶה הָיוּ הַנְּתוּנִים
לְעֵץ? לִצְמִיחַת סַפְסָל? לְיֶלֶד?
עַכְשָׁו לְנַתֵּק.
הַזְּמַן נִגְמַר. אֲנִי מַתְקִין אֶת עַצְמִי,
מִי מַתְקִין אֶת עַצְמִי
לִרְחוֹף עַל פְּנֵי אִי־תְּהוֹם
אֶל תּוֹךְ גּוּפִי וָהָלְאָה

Is that clear? I will repeat: outside there were
clouds, screams, air-to-air missiles,
fire in the fields, memory.
Far beneath these, there were houses, children. What else?

The little dot on the side? It seems to be
the only moon of that world.
It blew itself out even before this.

Spaceship

Soon I will have to begin. All around me
moons have lit up. Have burned.
I am receiving a different light, perhaps from inside,
like a dim streetlamp
in a city park I once heard of.
And I try to imagine: a city. How was a city possible,
for example? What were the prerequisites
for a tree? For the growth of a bench? For a child?

Now to take off.
There is no time left.
I am preparing myself
to hover over the face of the non-abyss
into my body and onwards

סוֹף הַשְּׁאֵלוֹן

תְּנָאֵי מְגוּרֶיךָ: מִסְפַּר הָעַרְפִלִּית וְהַכּוֹכָב.
מִסְפַּר הַקֶּבֶר.
הַאִם אַתָּה לְבַד, אוֹ לֹא.
אֵיזֶה עֵשֶׂב צוֹמֵחַ לְמַעְלָה
וּמִנַּיִן (לְמָשָׁל מִבֶּטֶן, מֵעַיִן, מִפֶּה וְכָךְ הָלְאָה).

מֻתָּר לְךָ לְעַרְעֵר.

וּבַמָּקוֹם הָרֵיק לְמַטָּה צַיֵּן
מִמָּתַי אַתָּה עֵר וּמַדּוּעַ הֻפְתַּעְתָּ.

End of the Questionnaire

Housing conditions: number of galaxy and star,
number of grave.
Are you alone or not.
What grass grows on top of you,
and from where (e.g., from your stomach, eyes, mouth, etc.).

You have the right to appeal.

In the blank space below, state
how long you have been awake and why you are surprised.

עֵדוּת

TESTIMONY

אֵירוֹפָּה, מְאֻחָר

בַּשָּׁמַיִם פּוֹרְחִים כִּנּוֹרוֹת
וּמִגְבַּעַת שֶׁל קַשׁ. סִלְחִי לִי, מַה הַשָּׁנָה?
שְׁלֹשִׁים וָתֵשַׁע וָחֵצִי, בְּעֵרֶךְ, עוֹד מֻקְדָּם מֻקְדָּם,
אֶפְשָׁר לִסְגֹּר אֶת הָרַדְיוֹ,
נָא לְהַכִּיר: זֹאת רוּחַ הַיָּם, הָרוּחַ הַחַיָּה שֶׁל הַטַּיֶּלֶת,
שׁוֹבֵבָה לְהַפְלִיא,
מְסַחְרֶרֶת שִׂמְלוֹת פַּעֲמוֹן, טוֹפַחַת
עַל פְּנֵי עִתּוֹנִים מֻדְאָגִים: טַנְגּוֹ! טַנְגּוֹ!
וְגַן הָעִיר מִתְנַגֵּן לוֹ,
　אֲנִי נוֹשֵׁק יָדֵךְ, מָאדָאם,
　יָדֵךְ הָעֲדִינָה כְּמוֹ
　כְּסָיַת הָעוֹר הַלְּבָנָה,
　הַכֹּל יָבוֹא עַל מְקוֹמוֹ
　בַּחֲלוֹם,
　אַל תִּדְאֲגִי כָּל כָּךְ, מָאדָאם,
　כָּאן לְעוֹלָם זֶה לֹא יִקְרֶה,
　אַתְּ עוֹד תִּרְאִי,
　　כָּאן לְעוֹלָם

כָּתוּב בְּעִפָּרוֹן בַּקָּרוֹן הֶחָתוּם

כָּאן בַּמִּשְׁלוֹחַ הַזֶּה
אֲנִי חַוָּה
עִם הֶבֶל בְּנִי
אִם תִּרְאוּ אֶת בְּנִי הַגָּדוֹל
קַיִן בֶּן אָדָם
תַּגִּידוּ לוֹ שֶׁאֲנִי

Europe, Late

Violins float in the sky,
and a straw hat. I beg your pardon,
what year is it?
Thirty-nine and a half, still awfully early,
you can turn off the radio.
I would like to introduce you to:
the sea breeze, the life of the party,
terribly mischievous,
whirling in a bell-skirt, slapping down
the worried newspapers: tango! tango!
And the park hums to itself:
    I kiss your dainty hand, madame,
    your hand as soft and elegant
    as a white suede glove. You'll see, madame,
    that everything will be all right,
    just heavenly—you wait and see.
    No it could never happen here,
    don't worry so—you'll see—it could

Written in Pencil in the Sealed Railway-Car

here in this carload
i am eve
with abel my son
if you see my other son
cain son of man
tell him that i

הַמְסַדֵּר

הוּא עוֹמֵד, רוֹקֵעַ מְעַט בְּמַגָּפָיו,
מְשַׁפְשֵׁף אֶת יָדָיו: קַר לוֹ בְּרוּחַ הַבֹּקֶר,
מַלְאָךְ חָרוּץ שֶׁעָמֵל וְעָלָה בְּדַרְגָּה.
פִּתְאֹם נִדְמֶה לוֹ שֶׁשָּׁגָה: כֻּלּוֹ עֵינַיִם
הוּא חוֹזֵר וּמוֹנֶה בַּפִּנְקָס הַפָּתוּחַ
אֶת הַגּוּפִים הַמְחַכִּים לוֹ בָּרִבּוּעַ,
מַחֲנֶה בְּלֵב מַחֲנֶה: רַק אֲנִי
אֵינֶנִּי, אֵינֶנִּי, אֲנִי טָעוּת,
מְכַבֶּה מַהֵר אֶת עֵינַי, מוֹחֵק אֶת צִלִּי.
לֹא אֶחְסַר, אָנָּא. הַחֶשְׁבּוֹן יַעֲלֶה
בִּלְעָדַי: כָּאן לְעוֹלָם.

עֵדוּת

לֹא לֹא: הֵם בְּהֶחְלֵט
הָיוּ בְּנֵי־אָדָם: מַדִּים, מַגָּפַיִם.
אֵיךְ לְהַסְבִּיר. הֵם נִבְרְאוּ בְּצֶלֶם.

אֲנִי הָיִיתִי צֵל.
לִי הָיָה בּוֹרֵא אַחֵר.

וְהוּא בְּחַסְדּוֹ לֹא הִשְׁאִיר בִּי מַה שֶׁיָּמוּת.
וּבָרַחְתִּי אֵלָיו, עָלִיתִי קַלִּיל, כָּחֹל,
מְפֻיָּס, הָיִיתִי אוֹמֵר: מִתְנַצֵּל:
עָשָׁן אֶל עָשָׁן כֹּל יָכוֹל
שֶׁאֵין לוֹ גּוּף וּדְמוּת.

The Roll Call

He stands, stamps a little in his boots,
rubs his hands. He's cold in the morning breeze:
a diligent angel, who worked hard for his promotions.
Suddenly he thinks he's made a mistake: all eyes,
he counts again in the open notebook
all the bodies waiting for him in the square,
camp within camp: only I
am not there, am not there, am a mistake,
turn off my eyes, quickly, erase my shadow.
I shall not want. The sum will be all right
without me: here forever.

Testimony

No no: they definitely were
human beings: uniforms, boots.
How to explain? They were created
in the image.

I was a shade.
A different creator made me.

And he in his mercy left nothing of me that would die.
And I fled to him, floated up weightless, blue,
forgiving—I would even say: apologizing—
smoke to omnipotent smoke
that has no face or image.

הוֹרָאוֹת לִגְנֵבַת הַגְּבוּל

אָדָם בָּדוּי, סַע. הִנֵּה הַדַּרְכּוֹן.
אָסוּר לְךָ לִזְכֹּר.
אַתָּה חַיָּב לְהַתְאִים לַפְּרָטִים:
עֵינֶיךָ כְּבָר כְּחֻלּוֹת.
אַל תִּבְרַח עִם הַגִּצִּים מִתּוֹךְ
אֲרֻבַּת הַקַּטָּר:
אַתָּה אָדָם וְיוֹשֵׁב בְּקָרוֹן. שֵׁב נִינוֹחַ.
הֲרֵי הַמְּעִיל הָגוּן, הַגּוּף מְתֻקָּן,
הַשֵּׁם הֶחָדָשׁ מוּכָן בִּגְרוֹנְךָ.
סַע, סַע. אָסוּר לְךָ לִשְׁכֹּחַ.

טְיוּטַת הֶסְכֵּם לְשִׁלּוּמִים

טוֹב טוֹב, אֲדוֹנִים הַזּוֹעֲקִים חָמָס כְּתָמִיד,
בַּעֲלֵי־נֵס טוֹרְדָנִים,
שֶׁקֶט!
הַכֹּל יֵחָזֵר לִמְקוֹמוֹ,
סָעִיף אַחַר סָעִיף.
הַצְּעָקָה אֶל תּוֹךְ הַגָּרוֹן.
שִׁנֵּי הַזָּהָב אֶל הַלֶּסֶת.
הֶעָשָׁן אֶל אֲרֻבּוֹת הַפַּח וְהָלְאָה וּפְנִימָה
אֶל חֲלַל עֲצָמוֹת,
וּכְבָר תִּקְרְמוּ עוֹר וְגִידִים וְתִחְיוּ,
הִנֵּה עֲדַיִן תִּחְיוּ לָכֶם,
יוֹשְׁבִים בַּסָּלוֹן, קוֹרְאִים עִתּוֹן עֶרֶב.
הִנֵּה הִנְּכֶם! הַכֹּל בְּעוֹד מוֹעֵד.
וַאֲשֶׁר לַכּוֹכָב הַצָּהֹב: מִיָּד יִתָּלֵשׁ
מֵעַל הֶחָזֶה
וִיהַגֵּר
לַשָּׁמַיִם.

Instructions for Crossing the Border

Imaginary man, go. Here is your passport.
You are not allowed to remember.
You have to match the description:
your eyes are already blue.
Don't escape with the sparks
inside the smokestack:
you are a man, you sit in the train.
Sit comfortably.
You've got a decent coat now,
a repaired body, a new name
ready in your throat.
Go. You are not allowed to forget.

Draft of a Reparations Agreement

All right, gentlemen who cry blue murder as always,
nagging miracle-makers,
quiet!
Everything will be returned to its place,
paragraph after paragraph.
The scream back into the throat.
The gold teeth back to the gums.
The terror.
The smoke back to the tin chimney and further on and inside
back to the hollow of the bones,
and already you will be covered with skin and sinews and you
    will live,
look, you will have your lives back,
sit in the living room, read the evening paper.
Here you are. Nothing is too late.
As to the yellow star:
it will be torn from your chest
immediately
and will emigrate
to the sky.

עֲקֵבוֹת

"מִשָּׁמַיִם לִשְׁמֵי הַשָּׁמַיִם מִשְּׁמֵי שָׁמַיִם לַעֲרָפֶל"
(יַנַּאי)

עַל כָּרְחִי
הָיָה לִי הֶמְשֵׁךְ בְּעָנָן הַזֶּה: בָּהוּל, אָפֹר,
מְנַסֶּה לִשְׁכֹּחַ בָּאֹפֶק, הָאֹפֶק נָסוֹג

נְקִישַׁת הַשִּׁנַּיִם שֶׁל
הַבָּרָד הַנֶּעֱקָשֶׁה:
גַּרְגִּירִים פְּלִיטִים נִדְחֲקוּ בִּזְרִיזוּת
אֶל תּוֹךְ אָבְדָנָם

בִּגְזָרָה אַחֶרֶת
עֲנָנִים שֶׁטֶּרֶם זֶהוּ.
זַרְקוֹרִים שֶׁהִצִּיבוּ
צְלָבִים גְּדוֹלִים שֶׁל אוֹר לַקָּרְבָּן.
פְּרִיקַת קְרוֹנוֹת.

אַחֲרֵי כֵן פּוֹרְחוֹת הָאוֹתִיּוֹת,
אַחֲרֵי הָאוֹתִיּוֹת הַפּוֹרְחוֹת מְמַהֵר
הַבֹּץ, מְכַבֶּה, מְכַסֶּה זְמַן מָה

אֱמֶת, הָיִיתִי טָעוּת, נִשְׁכַּחְתִּי
בַּקָּרוֹן הֶחָתוּם, גּוּפִי
בִּצְרוֹר הַחַיִּים. צָרוּר.
הִנֵּה הַכִּיס שֶׁגִּלִּיתִי בּוֹ לֶחֶם,
פֵּרוּרִים מְתוּקִים, כֻּלָּם מֵאוֹתוֹ הָעוֹלָם

אוּלַי יֵשׁ כָּאן אֶשְׁנָב, אִם לֹא קָשֶׁה לְךָ,
חַפֵּשׂ בְּצַד הַגּוּף הַהוּא, אוּלַי אֶפְשָׁר
קְצָת לִפְתֹּחַ.
זֶה מַזְכִּיר לִי, סְלִיחָה, אֶת הַבְּדִיחָה עַל
שְׁנֵי הַיְּהוּדִים בָּרַכֶּבֶת, הֵם נָסְעוּ לְ

Footprints

"From heaven to the heaven of heavens to the heaven of night"
                                                    —Yannai

Against my will
I was continued by this cloud: restless, gray,
trying to forget in the horizon, which always receded

Hail falling hard,
like the chatter of teeth:
refugee pellets pushing eagerly
into their own destruction

In another sector
clouds not yet identified.
Searchlights that set up
giant crosses of light
for the victim.
Unloading of cattle-cars.

Afterwards the letters fly up,
after the flying letters mud
hurries, snuffs, covers for a time

It's true, I was a mistake, I was forgotten
in the sealed car, my body tied up
in the sack of life

Here's the pocket where I found bread,
sweet crumbs, all from the same world

Maybe there's a window here—if you don't mind,
look near that body, maybe you can open up
a bit. That reminds me
(pardon me) of the joke about the two Jews
in the train, they were traveling to

אֱמֹר עוֹד מַשֶּׁהוּ, דַּבֵּר.
הַאִם אוּכַל לַעֲבֹר מִגּוּפִי וָהָלְאָה – –

*

מִשָּׁמַיִם לִשְׁמֵי הַשָּׁמַיִם, מִשְּׁמֵי שָׁמַיִם לַעֲרָפֶל
שַׁיָּרוֹת אֲרֻכּוֹת שֶׁל עָשָׁן

הַשְּׂרָפִים הַחֲדָשִׁים שֶׁעוֹד לֹא הֵבִינוּ,
אֲסִירֵי הַתִּקְוָה, תּוֹעִים בַּחֹפֶשׁ הָרֵיק
חַשְׁדָנִים כְּתָמִיד: אֵיךְ לְנַצֵּל
אֶת הֶחָלָל הַפִּתְאֹמִי הַזֶּה, אוּלַי תּוֹעִיל
הָאֶזְרָחוּת הַכְּפוּלָה, הַדַּרְכּוֹן הַיָּשָׁן,
אוּלַי הֶעָנָן? מֶה חָדָשׁ בֶּעָנָן,
גַּם כָּאן בְּוַדַּאי
לוֹקְחִים שֹׁחַד. וּבֵינֵינוּ: הַשְּׁטָרוֹת הַגְּדוֹלִים בְּיוֹתֵר
עוֹד חֲבוּיִים יָפֶה, תְּפוּרִים
בֵּין סְלָיוֹת – –
אֲבָל הַנְּעָלַיִם נֶעֶרְמוּ לְמַטָּה:
צִבּוּר גָּדוֹל פְּעוּר פֶּה

שַׁיָּרוֹת שֶׁל עָשָׁן. לִפְעָמִים
נִתַּק מִישֶׁהוּ,
מַכִּיר אוֹתִי מִשּׁוּם מָה, קוֹרֵא בִּשְׁמִי.
וַאֲנִי מַעֲמִיד פָּנִים חֲבִיבוֹת, מְנַסֶּה לִזְכֹּר:
מִי עוֹד
מִי

בְּלֹא שׁוּם זְכוּת לִזְכֹּר, אֲנִי זוֹכֵר
אִישׁ צוֹעֵק בְּפִנַּת הַחֶדֶר, כִּידוֹנִים
שֶׁקָּמוּ לְמַלֵּא בּוֹ
אֶת תַּפְקִידָם

בְּלֹא שׁוּם זְכוּת לִזְכֹּר. מָה עוֹד
הָיָה? כְּבָר אֵינֶנִּי פּוֹחֵד
שֶׁאוֹמַר

בְּלֹא שׁוּם קֶשֶׁר כְּלָל:
הָיָה לֵב כָּחֹל מֵרֹב חֹרֶף

Say something more; talk.
Can I pass from my body and onwards—

　　　*

From heaven to the heaven of heavens to the heaven of night
long convoys of smoke

The new seraphim who haven't yet understood,
prisoners of hope, astray in the empty freedom,
suspicious as always: how to exploit
this sudden vacuum, maybe
the double citizenship will help,
the old passport,
maybe the cloud? what's new in the cloud,
here too of course
they take bribes. And between us: the biggest bills
are still nicely hidden away, sewn
between the soles—
but the shoes have been piled up below:
a great gaping heap

Convoys of smoke. Sometimes
someone breaks away,
recognizes me for some reason, calls my name.
And I put on a pleasant face, try to remember:
who else
who

Without any right to remember, I remember
a man screaming in a corner, bayonets rising
to fulfill their role
in him

Without any right to remember. What else
was there? Already I'm not afraid
that I might say

without any connection at all:
there was a heart, blue from excessive winter,

וַעֲשָׂשִׂית עֲגֻלָּה, כְּחֻלָּה, טוֹבַת לֵב.
אַךְ הַנֵּפְט מִתְמַעֵט עִם הַדָּם, הַלֶּהָבָה מְהַבְהֶבֶת – –

נָכוֹן, לִפְנֵי שֶׁאֶשְׁכַּח:
הַגֶּשֶׁם גָּנַב אֵיזֶה גְּבוּל, הִתְגַּנַּבְתִּי אִתּוֹ
בְּדַרְכֵי נְסִיגָה אֲסוּרוֹת, בְּתִקְוָה אֲסוּרָה,
וּשְׁנֵינוּ עָבַרְנוּ אֶת פִּי הַבּוֹרוֹת.

אוּלַי עַכְשָׁו אֲנִי
מְחַפֵּשׂ בַּגֶּשֶׁם הַהוּא אֶת חוּט הַשָּׁנִי

אֵיפֹה לְהַתְחִיל?
אֲפִלּוּ אֵינֶנִּי יוֹדֵעַ לִשְׁאֹל.
בְּפִי נִבְלְלוּ לְשׁוֹנוֹת רַבּוֹת מִדַּי. אֲבָל
עַל פָּרָשַׁת הָרוּחוֹת הָאֵלֶּה,
שַׁקְדָן מְאֹד, אֲנִי שׁוֹקֵעַ כֻּלִּי
בְּחֻקֵּי הַבַּלְשָׁנוּת הַשְּׁמֵימִית וְלוֹמֵד
נְטִיּוֹת, פְּעָלִים, שֵׁמוֹת
שֶׁל שְׁתִיקָה.

מִי הִרְשָׁה לְךָ לְהִתְלוֹצֵץ?
מָה שֶּׁלְּמַעְלָה מִמְּךָ אַתָּה יוֹדֵעַ.
אַתָּה הִתְכַּוַּנְתָּ לִשְׁאֹל
עַל מַה שֶּׁפְּנִימָה, עַל מַה שֶּׁתְּהוֹמָה מִמְּךָ.
אֵיךְ לֹא רָאִיתָ.

הֲרֵי לֹא יָדַעְתִּי שֶׁאֲנִי חַי.
מִשְּׁמֵי שָׁמַיִם לָעֲרָפֶל נִטְרְדוּ
מַלְאָכִים, לִפְעָמִים הֵעִיף מִי מֵהֶם
מֶבָּט לְאָחוֹר, רָאָה אוֹתִי, מָשַׁךְ בִּכְתֵפָיו,
הִמְשִׁיךְ מִגּוּפִי וָהָלְאָה.

קָפוּא וּפָקוּעַ, קָרוּשׁ,
מְצֻלָּק,
חָנוּק, מְעֻקָּם.

אִם נִגְזַר עָלַי לַעֲקֹר מִכָּאן,
אֲנַסֶּה לָרֶדֶת שָׁלָב שָׁלָב,

and a lamp, round, blue, kind-hearted.
But the kerosene disappears with the blood, the flame flickers—

Yes, before I forget:
the rain stole across some border, so did I,
on forbidden escape-routes, with forbidden hope,
we both passed the mouth of the pits

Maybe now
I'm looking in that rain
for the scarlet thread

Where to begin?
I don't even know how to ask.
Too many tongues are mixed in my mouth. But
at the crossing of these winds,
very diligent, I immerse myself
in the laws of heavenly grammar: I am learning
the declensions and ascensions of
silence.

> *Who has given you the right to jest?*
> *What is above you you already know.*
> *You meant to ask about what is within you,*
> *what is abysmally through you.*
> *How is it that you did not see?*

But I didn't know I was alive.
From the heaven of heavens to the heaven of night
angels rushed, sometimes one of them
would look back, see me, shrug his shoulders,
continue from my body and onwards

    *

Frozen and burst, clotted,
scarred,
charred, choked.

If it has been ordained that I pull out of here,
I'll try to descend rung by rung,

אֲנִי אוֹחֵז בְּכֻלָּם בִּזְהִירוּת – –
אֲבָל אֵין סוֹף לַסֻּלָּם וּכְבָר
אֵין פְּנַאי. רַק לִפּוֹל עוֹד אוּכַל
אֶל תּוֹךְ הָעוֹלָם

וּבְדַרְכִּי חֲזָרָה
כָּךְ רוֹמְזוֹת לִי עֵינַי:
הָיִיתָ, מָה עוֹד רָצִיתָ לִרְאוֹת?
עֲצֹם אוֹתָנוּ וּרְאֵה:
אַתָּה הוּא הָאֹפֶל, אַתָּה הוּא הָאוֹת.

כָּךְ אוֹמֵר לִי גְּרוֹנִי:
אִם עוֹד אַתָּה חַי, פְּתַח לִי, אֲנִי
חַיָּב לְהַלֵּל.

כָּךְ אוֹחֲזוֹת בִּי יָדַי
וְרֹאשִׁי הֶהָפוּךְ נֶאֱמָן לִי:
אֲנִי נוֹפֵל נוֹפֵל
מִשָּׁמַיִם לִשְׁמֵי הַשָּׁמַיִם מִשְּׁמֵי שָׁמַיִם לַעֲרָפֶל

*

וּבְכֵן עוֹלָם.
הָאֹפֶר מְפַיֵּס בַּכָּחֹל.
בְּשַׂעַר עָנָן כְּבָר תַּם מָתוֹק שֶׁל תְּכֵלֶת,
אוּלַי יְרַקְרַק. כְּבָר תְּנוּמָה.
שָׁמַיִם מִתְחַדְּשִׁים, מְנַסִּים אֶת כַּנְפֵיהֶם,
נִמְלָטִים מִפְּנֵי עַל נַפְשָׁם. לֹא עוֹד אֶתְמַהּ.

בְּשַׂעַר עָנָן נִבְקַע לְפָנַי
הָאֲגַם
רֵיק רֵיק טָהוֹר מִבָּבוּאוֹת

הִנֵּה שָׁם,
בַּכָּחֹל הַקָּמוּר הַהוּא, עַל שְׂפַת הָאֲוִיר,
חָיִיתִי פַּעַם. שָׁבִיר הָיָה חַלּוֹנִי.
אוּלַי שָׂרְדוּ מִמֶּנִּי
רַק דְּאוֹנִים קְטַנִּים שֶׁלֹּא הִתְבַּגְּרוּ:
עֲדַיִן חוֹזְרִים עַל עַצְמָם בַּעֲדַיִן־עָנָן, דּוֹאִים
גּוֹזְרִים אֶת הָרֶגַע
(לֹא לִזְכֹּר עַכְשָׁו, לֹא לִזְכֹּר)

I hold on to each one, carefully—
but there is no end to the ladder, and already
no time. All I can still do is fall
into the world

And on my way back
my eyes hint to me:
you have been, what more did you want to see?
Close us and see:
you are the darkness, you are the sign.

And my throat says to me:
if you are still alive, give me an opening, I
must praise.

And my upside-down head is faithful to me,
and my hands hold me tight:
I am falling   falling
from heaven to the heaven of heavens to the heaven of night

*

Well then: a world.
The gray is reconciled by the blue.
In the gate of this cloud, already a turquoise
innocence, perhaps light green. Already sleep.
Heavens renew themselves, try out their wings, see me

and run for their lives. I no longer wonder.
The gate bursts open:
a lake
void   void   pure of reflections

Over there,
in that arched blue, on the edge of the air,
I once lived. My window was fragile.
Maybe what remained of me
were little gliders that hadn't grown up:
they still repeat themselves in still-clouds, glide,
slice the moment
        (not to remember now, not to remember)

וְלִפְנֵי שֶׁאַגִּיעַ
(וְעַכְשָׁו לְהוֹשִׁיט עַד הַסּוֹף, לְהוֹשִׁיט)
כְּבָר עֵר, נִפְרָשׂ עַד קְצוֹת כְּנָפַי,
עַל כָּרְחִי מְנַחֵשׁ שֶׁקָּרוֹב מְאֹד,
בִּפְנִים, שָׁבוּי בְּתִקְווֹת, מְהַבְהֵב לוֹ
כַּדּוּר הָאָרֶץ הַזֶּה,
מְצֻלָּק, מְכֻסֶּה עֲקֵבוֹת.

And before I arrive
     (now to stretch out to the end, to stretch out)
already awake, spread to the tips of my wings,
against my will I feel that, very near,
inside, imprisoned by hopes, there flickers
this ball of the earth,
scarred, covered with footprints.

גְבוּלוֹת הַפִיזִיקָה

THE LIMITS OF PHYSICS

נְקֻדַּת הַמּוֹצָא

חָבוּי בַּחֲדַר הַסְּפָרִים לִפְנוֹת עֶרֶב
אֲנִי מַמְתִּין, עֲדַיִן לֹא בּוֹדֵד.
אֲרוֹן אֱגוֹז כָּבֵד פּוֹתֵחַ לִי לַיְלָה.
הָאוֹרְלוֹגִין, זָקִיף עָיֵף,
צְעָדָיו פּוֹחֲתִים.

מִנַּיִן? בִּמְכוֹנַת הַכְּתִיבָה שֶׁל סַבָּא,
דֶּגֶם אַנְדֶּרְווּד מִיָּמִים קַדְמוֹנִים
מוּכָנוֹת אַלְפֵי אַלְפָא־בֵּיתִין.
אֵיזוֹ בְּשׂוֹרָה?

אֲנִי חוֹשֵׁב שֶׁלֹּא הַכֹּל בְּסָפֵק.
עוֹקֵב אַחַר הָרֶגַע, שֶׁלֹּא יַחֲמֹק מִמֶּנִּי.
יֵשׁ לִי זְרוֹעוֹת קְצָת דַּקּוֹת,
אֲנִי בֶּן תֵּשַׁע.

מֵעֵבֶר לַדֶּלֶת מַתְחִיל
הֶחָלָל הַבֵּין־כּוֹכָבִי שֶׁאֲנִי כְּבָר מוּכָן לוֹ.
הַכָּבֵד אוֹזֵל מִתּוֹכִי כַּצְּבָעִים לִפְנוֹת עֶרֶב.
אֲנִי טָס מַהֵר מְאֹד, עַד בְּלִי נוֹעַ,
וּמַשְׁאִיר מֵאֲחוֹרַי
שֹׁבֶל שָׁקוּף שֶׁל עָבָר.

Point of Departure

Hidden in the study at dusk,
I wait, not yet lonely.
A heavy walnut bureau opens up the night.
The clock is a tired sentry,
its steps growing faint.

From where? In Grandfather's typewriter,
an Underwood from ancient times,
thousands of alphabets are ready.
What tidings?

I think that not everything is in doubt.
I follow the moment, not to let it slip away.
My arms are rather thin.
I am nine years old.

Beyond the door begins
the interstellar space which I'm ready for.
Gravity drains from me like colors at dusk.
I fly so fast that I'm motionless
and leave behind me
the transparent wake of the past.

גְּבוּלוֹת הַפִּיזִיקָה

בַּכֻּרְסָה הָרַכָּה שָׁקוּעַ הַיֶּלֶד בְּלִי נוֹעַ.
הָעוֹלָם נִשְׁמָע לַחֻקִּים.
נוֹבֶמְבֶּר, גְּרָאפִיט מְפֻזָּר, עוֹבֵר,
מַצְהִיב בֶּעָנָן, מְהַבְהֵב
בְּאֶתְגַּר הַגָּפְרִית.

בַּכֻּרְסָה שָׁקוּעַ הַיֶּלֶד.
בְּרֹאשׁוֹ, בְּלִי נוֹעַ, מַמְתִּין כַּלִּירַעַם.
הַפְּלִיז מַבְהִיק מְאֹד.
בַּשָּׂדֶה הַמַּגְנֵטִי נֶחְפָּזִים שִׁיפֵי הַבַּרְזֶל
וְעוֹמְדִים לְגוֹרָלָם, נְטוּיִים כָּלְשֶׁהוּ.
הַיֶּלֶד שָׁקוּעַ בְּלִי נוֹעַ בַּשָּׂדֶה הַמַּגְנֵטִי.

עַכְשָׁו מַלְבִּין הֶעָנָן. מִשְׁקֶפֶת הַפְּלִיז
(הִיא נִקְרֵאת גַּם קְנֵה הָרִגּוּל)
לוֹכֶדֶת אוֹתוֹ בְּנֵקֶל.
הָעוֹלָם נִשְׁמָע לַחֻקִּים בְּרִשְׁרוּשׁ יָבֵשׁ
כְּמוֹ שֶׁל שַׁלֶּכֶת (אֲבָל שָׁקֵט יוֹתֵר).
כָּךְ מְנַצְנֵץ הַחַשְׁמַל הַקַּר
בְּשִׁפְשׁוּף הָעִנְבָּר בַּמֶּשִׁי.

בְּכָל אֵלֶּה יֵשׁ נִחוּמִים גְּדוֹלִים מְאֹד, אֲבָל
לְפֶתַע בְּפֶתַח עָנָן
בּוֹקֵעַ
גַּלְגַּל סְנוּנִיּוֹת מִתּוֹךְ
גַּלְגַּל סְנוּנִיּוֹת.

הַיֶּלֶד חַי,
הוּא חַי וּבוֹקֵעַ,
הוּא מֵנִיף אֶת עַצְמוֹ מֵעַצְמוֹ.
כָּל הַחֻקִּים נִשְׁמָעִים לוֹ מִיָּד:
נְפִילָתוֹ
הִיא נְפִילָה חָפְשִׁית.

The Limits of Physics

In the deep armchair, the boy sits motionless.
The universe obeys laws.
November, powdered graphite, passes
yellowing in the cloud, glimmering
in the challenge of sulphur.

In the armchair, the boy sits.
The lightning-rod waits on his head, motionless.
The brass glitters.
The iron filings swirl in the magnetic field
and rise, somewhat obliquely, to their fate.
The boy, motionless, sits in the magnetic field.

Now the cloud whitens. The brass telescope
(it's also called a spyglass)
catches it easily.
The universe obeys laws in a dry rustle
like falling leaves (but more silent).
Thus cold electricity sparkles
when you rub amber with silk.

In all this there is a great consolation, but
suddenly in a gap of the cloud
a wheel of swallows
bursts
from a wheel of swallows.

The boy is alive,
alive, bursting,
waving himself out of himself.
All laws obey him at once:
his fall
is free.

הַסִּפּוּר

פַּעַם קָרָאתִי
סִפּוּר עַל חַרְגּוֹל בֶּן־יוֹמוֹ,
הַרְפַּתְקָן יָרֹק מְאֹד, שֶׁבָּעֶרֶב
נִטְרַף בְּפִי עֲטַלֵּף.

מִיָּד אַחֲרֵי זֶה נָשָׂא הַיַּנְשׁוּף הֶחָכָם
נְאוּם תַּנְחוּמִים קָצָר וְאָמַר:
גַּם עֲטַלֵּף רוֹצֶה לְהִתְפַּרְנֵס,
וְיֵשׁ עוֹד חַרְגּוֹלִים רַבִּים בָּאָחוּ.

מִיָּד אַחֲרֵי זֶה בָּא
הַדַּף הָרֵיק שֶׁל הַסּוֹף.

אַרְבָּעִים שָׁנָה מֵאָז אוֹתוֹ רֶגַע
אֲנִי רָכוּן עַל אוֹתוֹ דַּף רֵיק.
אֵין לִי כֹּחַ
לִסְגֹּר אֶת הַסֵּפֶר.

הִתְוַדְּעוּת

בַּחֶדֶר הָאַחֲרוֹן בְּבֵיתֵנוּ,
בְּשׁוּלֵי עָנָן מְפֻתָּל לְהַפְלִיא,
הָיָה דּוֹהֵר עַל סוּסוֹ עַד כְּלוֹת הַנְּשִׁימָה
פָּרָשׁ סִינִי רָקוּם קוּרֵי מֶשִׁי.

דָּהַר וְדָהַר מִסִּין וְנִסָּה לְהַגִּיעַ.
עִם חִלּוּף הַשָּׁנִים לִכְסֵן לְעֶבְרִי מַבָּטִים
שֶׁל תַּרְעֹמֶת. רָצִיתִי לָצֵאת לִקְרָאתוֹ, אֲבָל
הַמֶּרְחָק הָיָה גָּדוֹל מְאֹד.

בְּסוֹף הַשָּׁנִים כְּשֶׁאֲנִי מְגַלֶּה שֶׁטָּעִינוּ
וְשֶׁשְּׁנֵינוּ הָיִינוּ אֶחָד, רְקוּמִים זֶה בָּזֶה,
כְּבָר אֵינֶנִּי יוֹדֵעַ אֵיפֹה הוּא: אִם נִדַּף בֶּעָנָן
אוֹ נִשְׂרַף עִם הַבַּיִת.

The Story

Once I read a story
about a grasshopper one day old,
a green adventurer who at dusk
was swallowed up by a bat.

Right after this the wise old owl
gave a short consolation speech:
Bats also have the right to make a living,
and there are many grasshoppers still left.

Right after this came
the end: an empty page.

Forty years now have gone by.
Still leaning above that empty page,
I do not have the strength
to close the book.

Recognition

In the last room in our house,
at the edge of a wondrously curled cloud,
a Chinese rider raced by on his horse,
out of breath, embroidered in silk.

He raced and he raced from China, trying to arrive.
As the years passed, he slanted toward me
reproachful glances. I would have gone to meet him,
but the distance was very great.

And now, when I no longer know whether
he dissolved in the cloud or burned down with the house,
I realize that we were both wrong and that
we were one, embroidered in each other.

בִּקּוּר אֵצֶל הַפִּיזִיקַאי

בְּחַדְרוֹ, עַל לוּחַ שָׁחוֹר,
מְחֻשָּׁב הַזְּמַן בְּנֻסְחָה אֲרֻכָּה
הַשּׁוֹאֶפֶת אֶל אֶפֶס.

הוּא נִטְרָד. בְּעוֹד הוּא מַגִּישׁ לִי קָפֶה
וְשִׂיחַת נִימוּסִין, הוּא מַגְנִיב מַבָּט שֶׁל סָפֵק
אֶל סוֹף הַנֻּסְחָה,

קָם, נוֹטֵל סְפוֹג, מוֹחֵק, מוֹתִיר
אֶת הַפִּתְרוֹן הַנָּכוֹן:
לוּחַ רֵיק.

בְּחִיּוּךְ מִתְנַצֵּל הוּא חוֹזֵר לַשֻּׁלְחָן.
אֲבָל שְׁנֵינוּ יוֹדְעִים מָה אֵרַע:
הַזְּמַן נִתְבַּדָּה וְאֵינֶנּוּ.

אֲנַחְנוּ יוֹשְׁבִים זֶה מוּל זֶה.
הוּא קוֹרֵא בְּעֵינַי
קוֹרוֹת כּוֹכָבִים שֶׁכָּבוּ,

וּבְגֻלְגָּלְתּוֹ הַשְּׁקוּפָה, כִּבְכַדּוּר הַבְּדֹלַח,
אֲנִי מְנַחֵשׁ
אֶת הָרֶגַע.

Visit to a Physicist

On the blackboard in his study, time
is calculated, in a long formula
that tends toward zero.

He's restless. While he offers me coffee
and small-talk, he keeps glancing stealthily
at the formula's end,

gets up, grabs a sponge, erases, leaves
the correct conclusion:
an empty blackboard.

He smiles apologetically as he walks back
to the table. But we both know what happened:
time has been proved a fallacy: nothing more.

Now we sit face to face.
He reads in my eyes
the history of stars long dead,

and in his translucent skull, as in a crystal
ball, I foresee
this moment.

רוּחַ מִכִּוּוּנִים מִשְׁתַּנִּים

1

עֲדַיִן אֲנִי סוֹפָה בְּדַרְגָּה אֶפֶס.
כִּמְעַט נְשִׁימָה.

2

סוֹבֵב סוֹבֵב
וְשָׁב עַל סְבִיבוֹתַי.
אוּלַי לַשָּׁוְא.

3

הַחַלּוֹן פָּתוּחַ
לִקְרַאת הַמֶּרְחַקִּים שֶׁבִּפְנִים
בֵּין אָרוֹן לְשֻׁלְחָן.
אֲנִי מִתְגַּנֵּב, נוֹשֵׁב,
מְמַלֵּא אֶת מִפְרַשׂ הַוִּילוֹן,
מַפְלִיג פְּנִימָה וּבָא
בְּאַהֲבָה
רַבָּה

4

לִפְעָמִים, עַכְשָׁו, לְמָשָׁל,
אֲנִי מַשָּׁב קַל מִדָּרוֹם,
אוֹ סָפֵק מִדָּרוֹם. לִפְנוֹת בֹּקֶר
אֲנִי חוֹלֵף בֵּין מַחֲטֵי הָאֹרֶן,
חוֹמֵק בַּחֻרְשָׁה,
הוֹפֵךְ לְפֶתַע עֹרֶף.

אִישׁ לֹא סוֹמֵךְ עָלַי, אֲנִי יוֹדֵעַ.
צְבָא דָּרוּךְ שֶׁל זִקִּיפֵי כַּסְפִּית,
שֶׁל מְחוֹגֵי כִּוּוּן וָלַחַץ,
בּוֹלֵשׁ אַחֲרַי, מְפָרֵשׁ אוֹתִי, מְנַחֵשׁ
מָה אֶהֱפֹךְ בְּעוֹד רֶגַע
וּבְאֵיזֶה חֵרוּף נֶפֶשׁ.

Wind from Variable Directions

1

I am as yet
a storm of zero force.
Almost a breath.

2

Around and around
whirling in my cycles,
perhaps in vain.

3

The window is open
onto the vast inner distances
between cupboard and table.
I steal in, breathe,
fill the curtain like a sail,
travel inward, arrive
with great
love.

4

Sometimes, now for example,
I am a light breeze from the south
or near-south. Before dawn
I drift through the pine-needles,
make off through the woods,
swerve, suddenly.

No one relies on me, I know.
A tense army of quicksilver sentries,
of pressure-pointers,
spies on me, interprets me, guesses
what I will turn into next
and with what fierceness.

אֲבָל לָמָּה? הֲרֵי
כָּל כִּוּוּנַי בְּרוּרִים:
מִפְּנֵי אֵימַת הָרִיק
אֲנִי עָט
עַל הָרִיק.

5

דָּרוֹם. פִּירָמִידוֹת שֶׁל חוֹל מְחַפְּשׂוֹת אֶת הַקֶּבֶר.
פִּתְאֹם זְקוּרָה יַד הַיַּסְמִין הַזּוֹרֵחַ.

מַעֲרָב. אוֹקְיָנוֹס, יוֹד וּמָרָה יְרַקְרֶקֶת.
פִּתְאֹם בְּשׁוּרַת הַזַּרְחָן מַסְגִּירָה אֶת הָאֹפֶק.

צָפוֹן. רָקִיעַ מוּגָף. עִיר בָּצָל וְעִיר פִּיחַ.
פִּתְאֹם כּוֹכָב אֱלֹהִי, חַד עַיִן, שֶׁל שֶׁלֶג.

מִזְרָח.

6

מַפּוֹת עַתִּיקוֹת צִיְּרוּ אוֹתִי
בְּדְיוֹקַן יְנוּקָא מַלְאָךְ. כֵּלִי הַבְּכִי:
אַרְבָּעָה אוֹ שְׁמוֹנָה פְּנֵי יְנוּקָא,
נְפוּחֵי לְחָיַיִם, נוֹשְׁפִים זֶה מוּל זֶה
מִפִּנּוֹת הָעוֹלָם אֶל טַבּוּרוֹ.

אֲבָל בְּרֶגַע זֶה, טֶרֶם קַיִץ,
אֲנִי מְסוֹבֵב אֶת כָּל שׁוֹשַׁנַּת הָרוּחוֹת
כְּשַׁבְשֶׁבֶת נְיָר שׁוֹבֵבָה.

7

יַלְדוּת שְׁנִיָּה אוֹ שְׁלִישִׁית
מִדְּרוֹם־דְּרוֹם־מִזְרָח:
אֲנִי הוֹפֵךְ אֶת הָרְחוֹב
(נִבְהַל הָאִישׁ: אֵיפֹה הַכּוֹבַע שֶׁלִּי?
נִבְהַל הַכּוֹבַע: אֵיפֹה הָרֹאשׁ שֶׁלִּי?)

וְהִנֵּה
עֲדַיִן הַבַּיִת. כָּל כָּךְ הִזְדַּקֵּן –

But why?
All my directions are obvious:
driven by horror of the void
I pounce
on the void.

5

South. Sand pyramids shift in search of the grave.
Suddenly, erect, the jasmine hand, shining.

West. Ocean, iodine and pale green gall.
Suddenly, tidings of sulphur betraying the horizon.

North. Shuttered sky. A town of onion and a town of soot.
Suddenly, a star, divine, sharp-eyed, of snow.

East.

6

Old maps used to draw me
as a baby-faced cherub. I am all contraries:
four or eight baby-faces
with puffed-out cheeks, blowing against each other
from the world's corners to its core.

But at this moment, before summer,
I spin all the points of the compass
like a toy weathervane.

7

Second childhood, or third,
from south-southeast:
I turn the street upside down
(the man, scared: where is my hat?
the hat, scared: where is my head?)

And here, still,
the house, grown so old.

אֲנִי מַקִּישׁ בַּחַלּוֹן הָרֵיק וּמְצַפֶּה
בְּקֹצֶר רוּחַ:
מִי?

אַחֲרֵי כֵן הַפַּארְק. עַל הַמַּיִם
אֲנִי נוֹשֵׁב בִּזְהִירוּת
בְּסִירוֹת הַנְּיָר.
יְלָדִים חֲדָשִׁים רָצִים אַחֲרַי. כַּמָּה קַל
לִתְפֹּס אוֹתִי מְלֹא חָפְנַיִם.

8

כָּל מוֹלֶדֶת גּוֹזֶרֶת לִי שֵׁם מִשֶּׁלָּהּ:
שִׁירוֹקוֹ, חַמְסִין, בּוֹרֵיאַס –
כָּךְ נֶעְלָם לוֹ שְׁמִי בֵּין שְׁמוֹתַי.

לֹא אִכְפַּת לִי, בֶּאֱמֶת לֹא.
הֲרֵי מְקוֹמִי הוּא לְאָן
וְשׁוּבִי הוּא מָתַי.

9

יוֹם שֶׁכֻּלּוֹ יָצוּק
גּוּשׁ יָם זְכוּכִית וּשְׁמֵי זְכוּכִית
– וְהַשַּׁחַף נִצְלָב בַּתָּוֶךְ
וּסְפִינַת הַמִּפְרָשׂ הַקְּטַנָּה נֶעֱצֶרֶת
בְּצַוַּאר הַבַּקְבּוּק –

גַּם אָז רַק אֲחִיזַת עֵינַיִם,
דּוּמִיָּה מְדֻמָּה:
נָחָשׁ שֶׁל אֲוִיר
מְצַנֵּף סְבִיבוֹ עַל סְבִיבוֹ
אוֹרֵב
לִזְנָבוֹ.

10

מִפְּנֵי אֵימַת הָרִיק, אֲנִי
שׁוֹרֵק בַּיַּעַר, מְרַשְׁרֵשׁ בְּסִדְקֵי הַקִּיר,
לוֹחֵשׁ בַּנְּיָר.

I knock on the empty window and wait
impatiently:
who?

Then, the park, the pond.
I blow carefully
on the paper boats.
New children run after me. How easy
to catch me with empty hands.

   8

Every country gives me a name of its own:
Sirocco, Hamsin, Boreas.
My name disappears in my names.

I don't care, really I don't.
My place is whither,
my return is when.

   9

A day solid as glass:
glass sea, glass sky,
and the seagull crucified in the middle.
And the sailboat stopped
at the bottleneck.

This too is just an illusion,
a deceptive calm:
the snake of air
coiled round and round
lies in wait for
its own tail.

   10

Driven by horror of the void, I
whistle in the forest, breathe through the cracks of the wall,
whisper in paper.

בְּשִׁפְעַת הַשֵּׂעָר נִתַּן לִי אֲפִלּוּ לִשְׁתֹּק.
רַק לִשְׁהוֹת לֹא נִתַּן לִי,
וַאֲנִי מְוַתֵּר.
וּבְכֵן, יְדִידַי הַטּוֹבִים, כְּבָר חָלַפְתִּי. אֵינֶנִּי.
שָׁלוֹם שָׁלוֹם לָרָחוֹק
וְלָרָחוֹק יוֹתֵר.

11

עַכְשָׁו בַּפֶּרֶץ הַחֹרֶף
לִפְנֵי שֶׁאֲנִי מְפַלֵּג לְסוּפוֹת,
אֲנִי גּוֹנֵב לִי רֶגַע
וְחוֹלֵם מַהֵר
עַל שַׁלְוַת עוֹלָמִים עֲגֻלָּה
שֶׁל בּוּעַת הָאֲוִיר הַכְּלוּאָה כָּל כֻּלָּהּ
בְּאֵיזֶה דֹּפֶן זְכוּכִית.

12

צָפוֹן וּצְפוֹן־מַעֲרָב הֵם אֲדוֹנִים קָשִׁים.
נִקְרֵאתִי לָשׁוּב,
גְּדוּדֵי גְּדוּדִים שֶׁל אֲוִיר.
אֲנִי אוֹסֵף אֶת כֹּחוֹתַי בַּמִּדְרוֹן
(הָעֵשֶׂב רָץ עַל הָעֵשֶׂב)
אֲנִי קָם
(עָף הָעִתּוֹן הַנָּטוּשׁ, מַכְרִיז עַל בּוֹאִי)
אֲנִי בָּא
בַּאֲפֵלַת הַצָּהֳרַיִם.
קֶרֶן חַדָּה בּוֹקַעַת
מִקֶּרַע עָנָן,
חוֹשֶׂפֶת מַטָּרוֹת:
קִיר מַחֲוִיר,
עִיר שֶׁל נְיָר –
אֲבָל בְּעֵין הַמְּעַרְבֹּלֶת
דְּמָמָה.
נֵר דּוֹלֵק, שַׁלְהֶבֶת שְׁלֵוַת זָהָב.

סוּפָה בְּדַרְגָּה אֶפֶס.
כִּמְעַט נְשִׁימָה.

In the abundance of hair I am even allowed to be silent.
It is only repose that I'm not allowed,
and I resign myself.
Well then, dear friends, I have passed. Am no more.
Good-bye to you all,
the far and the even farther.

11

Now that winter erupts,
just before I split into storms,
I steal a moment
and dream, quickly,
of the eternal calm of
the air bubble
trapped in glass.

12

North and northwest are harsh masters.
I have been recalled,
legions upon legions of air.
I gather my forces on the slope
(grass runs over grass)
I rise
(the abandoned newspaper
flaps, heralds my coming)
I arrive
in the darkness of noon.
A sharp ray cuts
a hole in the cloud,
points out the targets:
a pale wall,
a city of paper.
But in the eye of the hurricane,
silence.
The lit candle, the calm golden flame.

A storm of zero force.
Almost a breath.

הַסְוָאוֹת

CAMOUFLAGE

הַצָּב

אַתָּה מָהִיר, אָכִילֶס קַל הָרַגְלַיִם,
אֲנִי מְאֹד אִטִּי.
זֹאת תִּפְאַרְתִּי.

הַמֶּרְחָק בֵּינֵינוּ פּוֹחֵת וְהוֹלֵךְ.
אֵינוֹ נֶעְלָם.
לְעוֹלָם לֹא תַשִּׂיג אוֹתִי.

תָּמִיד בְּרִיצָה: תְּמוּת צָעִיר, אָכִילֶס.
אֲנִי, זָקֵן בְּלֹא גִיל, זוֹחֵל
בְּגַפֵּי הַגְּרוּמוֹת סָבִיב לָעוֹלָם.

אֲנִי מוֹדֶה: לִהְיוֹת אַלּוּף לְלֹא הֶרֶף,
מְנַצֵּחַ נִצְחִי בֶּעָפָר –
זֶהוּ נֵטֶל כָּבֵד.

אֲנִי שׁוֹקֵל
אִם לֹא לְהַצְמִיחַ כְּנָפַיִם.

חֶשְׁבּוֹן צָנוּעַ

אֲבוֹתֵינוּ הַצָּב, לְטָאַת הָאַצּוֹת,
לְאַט דִּשְׁדְּשׁוּ בְּאֹשֶׁר פּוֹשֵׁר שֶׁל בִּצּוֹת.
זְכוּתָם לֹא עָמְדָה לָנוּ. הַיַּעַר גָּבַר
וּפָרַץ וְגָבַהּ וְנִגְרַף בְּמַזָּל מַעֲבָר.
מוֹרִי, הַגּוֹרִילָה, קַפְּדָן הוּא. לֹא טוֹב בְּעֵינָיו
שֶׁאֲנִי סְתָם וָלָד מְנֻמָּס וְעָנָו.
כָּל אֵימַת שֶׁאֲנִי מִתְחַלְחֵל מִן הַדָּם,
הוּא צוֹעֵק: מָה אִתְּךָ, מָתַי כְּבָר תִּהְיֶה בֶּן־אָדָם!
וְהוּא צוֹדֵק, אֲנִי מֻכְרָח לְהִתְפַּתֵּחַ:
לֹא לְהַרְהֵר. לִהְיוֹת צַיָּד שָׂמֵחַ.

The Tortoise

You're quick on your light feet, Achilles.
I am very very slow.
That's why I'm famous.

The distance between us grows smaller and smaller
but doesn't vanish.
You'll never catch up.

Keep straining so hard, mon cher, and you'll die young.
I, old beyond age,
waddle around the world.

I confess: being a champion,
an eternal victor in the dust—
this is a heavy burden.

I'm considering:
perhaps I should grow wings.

A Modest Sum

Our forefathers the tortoise and the sea-lizard tramped
Ponderously through the tepid comfort of the swamp.
Their merit did not save us. The jungle climbed,
Spread, burst, and was swept away, a sign of the times.
My teacher, the gorilla, is severe; does not approve
That I'm a modest youngster, considerate, well-behaved.
Every time I'm terrified by the blood or pain,
He shouts: what's wrong with you, when will you be a man!
He's right: I should develop, shouldn't ponder
So much. Should be a well-adjusted hunter.

נָחָשׁ

הַחוֹל זָרִיז מְאֹד, עוֹבֵר עַל גְּדוֹתָיו,
נוֹבֵר בְּתוֹךְ עַצְמוֹ, מְחַפֵּשׂ
שְׂרִידִים, מַצֵּבוֹת,
שֶׁלֶד־יוֹחֲסִין.
מֵעוֹלָם לֹא הֵבַנְתִּי אֶת הָרָעָב הַזֶּה לֶעָבָר.
אֲנִי רִגְעֵי רְגָעִים,
מַשִּׁיל אֶת עוֹרִי בְּנַחַת, שׁוֹכֵחַ,
מַעֲרִים עַל עַצְמִי.
בְּכָל הַמִּדְבָּר הַזֶּה רַק אֲנִי מְנַחֵשׁ
מִי הָיָה מִי.

בֶּסְטִיאָרוּם וְהוּא סֵפֶר מִפְלָצוֹת וְחַיּוֹת

הַפִּיל

הַפִּיל, גָּמְרָל וָתִיק, מְצֻלָּק,
עוֹר שֶׁל פִּיל, אֹרֶךְ רוּחַ:
עַל עַמּוּדֵי רַגְלָיו עוֹמֵד עוֹלָם מָלֵא
שֶׁל בֶּטֶן. אֲבָל
זֶה כֹּחוֹ, שֶׁהוּא כּוֹבֵשׁ אֶת עַצְמוֹ מִתּוֹכוֹ:
בְּרֶגַע הָאֶפֶס,
בִּזְהִירוּת שֶׁל צֶמֶר גֶּפֶן,
בְּאַהֲבָה שֶׁאֵינָהּ תְּלוּיָה בַּדָּבָר,
הוּא דּוֹרֵךְ
עַל שִׁשָּׁה־עָשָׂר שְׁעוֹנֵי־יָד דַּיְקָנִים לְהַפְלִיא,
עוֹנֵד אַרְבָּעָה לְכָל רֶגֶל,
וּמַחֲלִיק עֲלֵיהֶם בְּקַלִּילוּת כְּמוֹ עַל סְקֶטִים
אֶל מִחוּץ לַגּוֹרָל הַפִּילִי.

Snake

The sand is swift, overflowing,
burrowing inside itself, searching
for remnants, tombstones, ancestors'
bones.
I never understood this hunger
for the past. I
am a series of instants,
shed my skin with ease,
forget,
outsmart myself.
In all this desert only I can guess
who was who.

Bestiary

THE ELEPHANT

The elephant, a crusty old general, scarred,
patient, thick-skinned:
on his pillarlike legs stands a whole world
of belly. But
he is so strong
that he conquers himself
through himself: at zero-hour,
with cotton-puff caution,
with love dependent on nothing,
he steps
on sixteen marvelously accurate wristwatches,
ties four on each foot like skates
and glides forth smoothly
out of his elephant fate.

כְּרְסוֹת

הַחַיּוֹת הָאִטִּיּוֹת בְּיוֹתֵר
הֵן כְּרְסוֹת הָעוֹר הָרַכּוֹת, גְּדוֹלוֹת הָאָזְנַיִם,
בְּפִנַּת הַטְּרַקְלִין.
הֵן מִתְרַבּוֹת
בְּצֵל עָצִיץ שֶׁל פִּילוֹדֶנְדְרוֹן
אוֹ פִּיקוּס אַפְלוּלִי.
וְאַף עַל פִּי שֶׁהֵן שְׂמֵחוֹת לִחְיוֹת
לְאַט יוֹתֵר מִן הַפִּילִים,
הֵן מַפְלִיגוֹת לְלֹא הֶרֶף
אֶל סָאפָארִי סוֹדִי לְאֵין־סוֹף.

מְאֻבָּנִים

הַיְצוּרִים הַחַיִּים לָנֶצַח, הַמְאֻבָּנִים,
כֻּלָּם סָרְבָנִים מֵאֵין כְּמוֹתָם.
הָאַרְכִיזְבוּב הַמַּלְכוּתִי הַמְאֻבָּן בָּעִנְבָּר
בָּז לַזְּמַן וְנָם בְּאֶלֶף עֵינַיִם
אֶת שְׁנַת הַצָּהֳרַיִם בַּשֶּׁמֶשׁ.
הָאַרְכִיקוֹנְכִית הִיא אֹזֶן הַמְסָרֶבֶת לִשְׁמֹעַ.
הָאַרְכִידָג וִתֵּר אֲפִלּוּ עַל עַצְמוֹ,
וְרַק אֶת חוֹתַם עַצְמוֹתָיו הוֹתִיר בַּסֶּלַע.
פִּסְגַּת הַבְּרִיאָה מִבֵּין הַמְאֻבָּנִים
הִיא וֶנוּס מִמִּילוֹ,
נִמְנַעַת נִצְחִית, אֲשֶׁר
זְרוֹעוֹתֶיהָ אֲוִיר.

בַּלּוֹנִים

בַּלּוֹנִים שֶׁל מְסִבָּה מִתְרַפְּקִים זֶה עַל זֶה
בֵּין נַחֲשֵׁי הַנְּיָר,
וּמְקַבְּלִים בַּעֲנָוָה
אֶת הַסְּיָג, אֶת תִּקְרַת הָאוּלָם.

ARMCHAIRS

The slowest animals
are the soft large-eared leather armchairs
that wait in the corners of hotel lobbies.
They multiply
in the shade of potted philodendrons.
And though content to live
more slowly than elephants,
they are always just about
to leave on a secret, end-
less safari.

FOSSILS

They are all unparalleled deniers,
these creatures that go on living forever.
The royal arch-fly frozen in amber
scorns time and with a thousand eyes
takes his nap in the sun.
The arch-shell is an ear that refuses to listen.
The arch-fish renounced even himself
and left just the imprint of his bones in the rock.
The paragon of creation among the fossils
is the Venus of Milo,
she who forever abstains
with arms of air.

BALLOONS

Balloons at parties fondle one another
between paper serpents
and humbly accept
their limit, the ceiling of the room.

מוּכָנִים לְכָל רֶמֶז,
זְהִירִים לְצַיֵּת לְכָל נְשִׁיבָה.
אֲבָל אֲפִלּוּ עֲנָנֵי עוֹלָם אֵלֶּה
קְרֵבָה שְׁעָתָם.
פִּתְאֹם נִשְׁמָתָם פּוֹרַחַת
בְּצִפְצוּף מְבֹהָל,
אוֹ נִשְׁמָתָם פּוֹקַעַת
בְּנֶפֶץ יָחִיד.
אַחֲרֵי כֵן מִתְרַפְּטוֹת גּוּפוֹת הַגּוּמִי
בְּשׁוּלֵי מַרְבָד מְפֻגָּל,
וְהַנְּשָׁמוֹת תּוֹעוֹת
בְּעוֹלַם הַבֵּינַיִם, בְּעֵרֶךְ בְּגֹבַהּ הָאַף.

דּוּ־רֶגֶל

דּוּ־רֶגֶל הוּא חַי מְשֻׁנֶּה לְמַדַּי:
בִּבְשָׂרוֹ הוּא שְׁאֵר
לִשְׁאָר הַחַיּוֹת הַטּוֹרְפוֹת, אַךְ רַק הוּא
מְבַשֵּׁל חַיּוֹת, מְפַלְפֵּל חַיּוֹת,
רַק הוּא לוֹבֵשׁ חַיּוֹת, נוֹעֵל חַיּוֹת.
רַק הוּא חוֹשֵׁב
שֶׁהוּא זָר בָּעוֹלָם, רַק הוּא מוֹחֶה
עַל מַה שֶּׁנִּגְזַר, רַק הוּא צוֹחֵק,
וּמַפְלִיא עוֹד יוֹתֵר, רַק הוּא
רוֹכֵב מֵרְצוֹנוֹ עַל אוֹפַנּוֹעַ.
יֵשׁ לוֹ עֶשְׂרִים אֶצְבָּעוֹת,
שְׁתֵּי אָזְנַיִם,
מֵאָה לְבָבוֹת.

They are ready for any hint,
willing to obey the slightest breeze.
But even the eternally humble must come
to their appointed end.
The soul suddenly leaks out
in a terrified whistle
or explodes
with a single pop.
Afterward the rubber bodies
languish
on the edges of a filthy rug,
and the souls wander
through the in-between world just about
as high as your nose.

THE BIPED

The biped is quite a strange creature:
through his flesh he is related
to the other predatory animals, but he alone
cooks animals, peppers them,
he alone is clothed with animals, shod in animals,
he alone thinks
that he's a stranger in the world, alone protests
against what is decreed, he alone laughs,
and, strangest of all, rides of his own free will
on a motorcycle.
He has four limbs,
two ears,
a hundred hearts.

שְׁנֵים־עָשָׂר פָּנִים שֶׁל אִזְמָרַגְד

1

אֲנִי יָקָר מְאֹד, יָרֹקַר.
מַה לִּי
וּלְכָל יְרַקְרַק שֶׁל אַקְרַאי.
אֲנִי אֲבִיָּרֹק,
אֲנִיָּרֹק אֶחָד לְאֵין עֲרֹךְ.

2

הַבָּרָק הַחַשְׁדָן בְּיוֹתֵר
שֶׁבְּעֵין הֶחָתוּל
בַּשְּׁנִיָּה הַחַדָּה בְּיוֹתֵר
נִכְסָף לִהְיוֹת אֲנִי.

3

מַה לִּי וְלָכֶם, מַה לִּי וְלָעֵשֶׂב הַחַי.
בֵּינֵיכֶם אֲנִי זָר וְצָלוּל,
אֲנִי קַר, מְשַׂחֵק בִּנְצָחַי.

4

נֵירוֹן קֵיסָר, אֳמַן הַתְּאוּרָה,
מֵרִים אוֹתִי אֶל עֵינָיו הָאֲדֻמּוֹת:
רַק הַיָּרֹק שֶׁלִּי מַשְׁקִיט אֶת דָּמוֹ.
בַּעֲדִי הוּא מַשְׁקִיף בְּסוֹף הָעוֹלָם הַנִּשְׂרָף.

5

דִּבָּה! אֵינֶנִּי מְקַנֵּא
בַּיַּהֲלוֹם: דֶּכֶס פָּזִיז, מְיֻחָס,

Twelve Faces of the Emerald

1

I am exceedingly green: chillgreen.
What have I to do
with all the greenishness of chance?
I am the green-source,
the green-self,
one and incomparable.

2

The most suspicious flash
in the cat's eye
at the most acute moment
aspires
to be
me.

3

What have I to do with you, or the living grass?
Among you I am a stranger—
brilliant, cold, playing with my eternities.

4

The emperor Nero, artist in stage-lighting,
raises me to his red eye:
only my green can pacify his blood.
Through me he observes the end of the burning world.

5

Slander! I am not
envious of the diamond: fickle duke,

שֶׁאֵינֶנּוּ שׁוֹלֵט בְּעַצְמוֹ:
פִּגְיוֹנוֹת, זִקּוּקִין דִּי־נוּר!
אֲבָל אֲנִי מָתוּן, יוֹדֵעַ לְהַמְתִּין,
וְלִמְזֹג, מְדַיֵּק וְיָרֹק, אֶת הָרַעַל.

6

כְּמוֹ הִמְתַּקְתִּי סוֹד. דּוֹק שֶׁל כְּחַלְחַל,
רֶמֶז אָדֹם בְּזָוִית מְלֻטֶּשֶׁת,
סָגֹל מְהַסֵּס – –
אֵינָם, אֵינָם. אֲנִי, אֲבִיָּרֹק,
מְבַטֵּל אֶת צִבְעֵי הַקֶּשֶׁת.

7

אַתֶּם מְדַמִּים לִמְצֹא אֶת דְּמוּתְכֶם
בִּדְמוּתִי.
לַשָּׁוְא. לֹא אַשְׁאִיר לָכֶם זֵכֶר,
לֹא הֱיִיתֶם בִּי מֵעוֹלָם.
רְאִי מוּל רְאִי מוּל רְאִי מְכֵשָּׁף
אֲנִי מִשְׁתַּקֵּף בַּאֲנִי.

8

בְּנִיעַ־יָד אֶחָד אֲנִי מְנַתֵּץ
אֶת יוֹמְכֶם לִשְׁנֵים־עָשָׂר
לֵילוֹת יְרֻקִּים.

9

כֵּלִי עַיִן. עֵר אֶשָּׁאֵר.

reckless, lacking in self-control:
daggers! fireworks!
I, on the contrary, am moderate,
know how to bide my time,
to pour, green and accurate,
the poison.

6

As if I shared a secret. Shade of blue,
hint of red in a polished facet,
hesitating violet—
they're gone, they're gone.
I, the green-source,
abolish the colors of the rainbow.

7

You think that you will find your image
in mine.
No. I shall not leave a trace of you;
you never were in me.
Mirror facing mirror facing mirror, enchanted,
I am reflected in I.

8

With one flick of the hand
I smash your days into twelve
green nights.

9

I am all eye.
I shall never sleep.

10

וּבְכֵן אֲנִי מַעֲמִיד פָּנִים,
שְׁנֵים עָשָׂר פָּנִים שְׁקוּפִים לִכְאוֹרָה.

11

שִׁבְרֵי הָאוֹר
הֵם הֵם נִשְׁמָתִי: לֹא אִירָא.
לֹא אָמוּת.
לֹא אָמוּת, אֵינֶנִּי זָקוּק לִפְשָׁרָה.

12

אֶת סוֹד כֹּחִי לֹא תְגַלּוּ לְעוֹלָם:
אֲנִי הוּא אֲנִי, גָּבִישׁ שֶׁל פַּחְמָן
וְתַחְמֹצֶת שֶׁל כְּרוֹם בְּכַמּוּת זְעִירָה.

10

And so I put on a face,
twelve facets apparently transparent.

11

Fragments of light:
they indeed are my soul: I shall not fear.
I shall not die.
I have no need to compromise.

12

You will never find the secret of my power.
I am I: crystallized carbon
with a very small quantity
of chromium oxide.

פְּגִישׁוֹת

ENCOUNTERS

פְּגִישׁוֹת

אַתָּה פּוֹגֵשׁ רְאִי וּמַפְנֶה בְּמְאֻחָר אֶת רֹאשְׁךָ.
מַה נִּשְׁמָע, בִּכְלָל לֹא הִשְׁתַּנֵּיתָ! שָׁלוֹם-שָׁלוֹם-וּבְרָכָה.

אַתָּה מִתְרָאֶה, כִּמְעַט בַּסֵּתֶר, עִם צְרוֹר נְיָרוֹת יְשָׁנִים.
נִצַּלְתָּ, נִצְּלוּ. מַה תֹּאמַר לָהֶם עוֹד. בִּלְבַּלְתָּ אֶת הַשָּׁנִים.

אַתָּה נוֹדֵד בַּוְּרִידִים, בָּעוֹרְקִים אֶל הֹלֶם הַלֵּב וּמִמֶּנּוּ
אֶל הֹלֶם אַחֵר. גַּם הַדָּם הַזֶּה כְּבָר אֵינֶנּוּ.

וּפִתְאֹם, בָּאָרוֹן, הַתַּצְלוּם: אַתָּה, אַתָּה
עַצְמוֹת הַפָּנִים הַבּוֹלְטוֹת, הַמַּבָּט הַמֻּפְתָּע,

כֵּן כֵּן, אוֹתָן עֲצָמוֹת. עַכְשָׁו
אַתָּה מֵבִין: אֲפִלּוּ לֹא מַתָּ. הִתְכַּחַשְׁתָּ לַשָּׁוְא.

מָה הַתְּשׁוּבָה שֶׁתַּחֲזֹר בָּהּ? הַשְּׁאֵלָה אֵינֶנָּה נִשְׁאֶלֶת.
אַתָּה מוּכָן לַפְּגִישָׁה, וְקָם וּפוֹרֵץ אֶת הַדֶּלֶת

וְיוֹרֵד לַמַּרְתֵּף וּמְדַבֵּר אֶל הַקִּיר

שִׁבְרֵי קִינָה לְיָדִיד

עָצַמְתִּי אֶת עֵינֶיךָ.
הֶחֱזַרְתִּי אֶת יָדֶיךָ לִמְקוֹמָן.
כַּפּוֹת רַגְלֶיךָ מַבִּיטוֹת בִּי בְּחֶמְלָה:
אֲנִי מְיֻתָּר.
אֲנִי מוֹצֵא אֶת יָדַי,
מַה לַּעֲשׂוֹת בְּיָדַי.
אֲנִי חוֹבֵשׁ אֶת כּוֹבָעֵי הֶחָבוּשׁ,
מְכַפְתֵּר אֶת מְעִילֵי הַמְכֻפְתָּר.

Encounters

You encounter a mirror and look away too late.
What's new, you haven't changed at all! Good-bye, good-bye.

You meet, almost in secret, a bundle of old papers.
You survived, they did too. What else can you say?

You wander about in veins, in arteries, to the heartbeat, then
to a different beat. This blood too is gone.

And suddenly, in the drawer, the photograph: you,
the protruding face-bones, the astonished look,

yes, the same bones. Now you understand:
you didn't even die. You renounced in vain.

And what answer will you return with? since there is no question.
You're ready for the encounter, rise and break open the door

and climb down the cellar stairs and introduce yourself to the wall.

Fragments of an Elegy

I've closed your eyes.
I've returned your hands to their place.
The soles of your feet look at me with pity:
I am superfluous.
Now I find my hands.
What shall I do with my hands?
I tie my tied shoelaces,
button my buttoned coat.

בֵּית הַקְּבָרוֹת הֶחָדָשׁ רְחַב יָדַיִם,
כֻּלּוֹ עָתִיד. מֵרָחוֹק, מִקָּרוֹב, בְּלִי הֶרֶף
שָׁרִים הַחַזָּנִים.

אַתָּה שׁוֹתֵק, קְצָת נָבוֹךְ: אוּלַי
תִּהְיֶה הַפְּרִידָה מְמֻשֶּׁכֶת.
הַצִּפֳּרְנַיִם מִתְאָרְכוֹת לְאִטָּן, כּוֹרְתוֹת שָׁלוֹם.
חֲלַל־הַפֶּה מַשְׁלִים עִם בּוֹרְאוֹ.

עַכְשָׁו עַכְשָׁו מִתְדַּפְּקִים אֶגְרוֹפֵי אֲדָמָה
עַל לוּחוֹת הַמַּלְכֹּדֶת:
פְּתַח לָנוּ, פְּתַח לָנוּ.

עֶשְׂרִים שָׁנָה בַּגַּיְא

וְאַחֲרֵי כֵן? אֵינֶנִּי יוֹדֵעַ.
כָּל אֶחָד מֵאִתָּנוּ נָפַל
לְתוֹךְ שִׁכְחָה מִשֶּׁלּוֹ.

הַכְּבִישׁ הִתְרַחֵב מְאֹד. נִשְׁאַר בְּשׁוּלָיו
הַמְּשֻׁרְיָן שֶׁלִּי, הָפוּךְ.
בַּצָּהֳרַיִם אֲנִי מַבִּיט לִפְעָמִים מִתּוֹךְ
עֵינָיו הַשְּׂרוּפוֹת: אֵינֶנִּי זוֹכֵר
אֶת הַבְּרוֹשִׁים הָאֵלֶּה.
נוֹסְעִים חֲדָשִׁים חוֹלְפִים עַל פָּנֵינוּ
לִשְׁכֹּחַ מִלְחָמָה אַחֶרֶת,
הֲרוּגִים אֲחֵרִים, מְהִירִים מֵאִתָּנוּ.

אֲבָל לִפְעָמִים יוֹרֶדֶת אֵלֵינוּ רוּחַ,
מְרַשְׁרֶשֶׁת בְּזֵר
שֶׁנִּתְגַּלְגֵּל לַגַּיְא,
תּוֹלֶשֶׁת עָלֶה עָלֶה, מְנַחֶשֶׁת:

The new cemetery is spacious,
entirely future. Far, near, incessantly,
the cantors are singing.

You are quiet, a little embarrassed:
perhaps the separation will be long.
The nails are growing, slowly, sketching a truce.
The mouth cavity is at peace with its maker.

But now the earth-fists
are knocking on the boards of the trap:
let us in,
let us in.

Twenty Years in the Valley

And afterwards? I don't know
Each of us fell
into his own oblivion.

The road got wider and wider. My truck stayed
on the edge, upside-down.
At noon I sometimes look through
its burnt eyes: I don't remember
these cypress trees.
New travelers pass before us, to forget
a different war,
different dead,
faster than us.

But sometimes a wind descends to us,
rustles the wreath
that happened to roll down into the valley,
plucks one petal, then another,
tries to guess:

הֵם אוֹהֲבִים. כֵּן. לֹא. כֵּן.
מְעַט. לֹא.
הַרְבֵּה.
לֹא.
יוֹתֵר מִדַּי.

(1968)

קֶבֶר יָסוֹן בִּשְׁכוּנַת רְחָבְיָה

יָסוֹן, יַמַּאי עַרְמוּמִי,
מֵאַנְשֵׁי סוֹדוֹ שֶׁל יַנַּאי הַמֶּלֶךְ,
מַעֲמִיד פָּנִים שֶׁנִּקְבַּר
הַרְחֵק מִיָּם,
בְּקֶבֶר נָאֶה, בְּעִיר קֹדֶשׁ.
חֶדֶר בְּחֶדֶר טָמוּן הוּא, מְפֹאָר בְּעַמּוּד וּבְקֶשֶׁת,
הוֹד וְשַׁלְוַת עוֹלָמִים נֶחְצְבוּ לוֹ בְּאֶבֶן הַגִּיר.

הַקֶּבֶר רֵיק.
רַק דְּמוּת שֶׁל סְפִינָה
חֲרוּטָה בַּקִּיר.

לְמַעְלָה נָפְלוּ מַמְלָכוֹת,
אֲנָשִׁים חֲדָשִׁים יָרְדוּ לִשְׁאוֹל.

לֹא יָסוֹן. הוּא חוֹמֵק
מִתּוֹךְ הַקִּיר הֶחָלָק
בִּסְפִינָה מְהִירָה
(הוּא בּוֹקֵעַ אֶת יָם הָאֲוִיר
בִּדְמָמַת אַלְחוּט מֻחְלֶטֶת)
וּמַבְרִיחַ בְּרֶוַח גָּדוֹל, כְּתָמִיד,
סְחוֹרוֹת יְקָרוֹת מְאֹד:
שֶׁמֶשׁ שֶׁל מַיִם,
מֶשִׁי שֶׁל רוּחַ,
שַׁיִשׁ שֶׁל קֶצֶף.

They love. They love not.
They love
a little. No.
A lot.
No.
Too much.
       (1968)

Jason's Grave in Jerusalem

Jason, that cunning old sailor,
one of King Yannai's inner circle,
pretends that he was buried
far from the sea,
in an attractive grave in a holy city.
"Room within room he is hidden, adorned by pillars and arches;
peace and perpetual glory were carved for him in this limestone."

The grave is empty.
Only a drawing of a ship
is scratched on the wall.

Overhead, kingdoms have fallen,
new men have descended into Hades.

Not Jason. He slips away
again and again,
out of the blank wall,
in a fast ship
(cuts through the sea of air, maintaining
absolute radio-silence)
and with great profit, as always, smuggles
very expensive merchandise:
sunlight of water,
velvet of sea-breeze,
marble of foam.

צִלּוּם בִּקְצֵה הַגֶּשֶׁר

בַּשֶּׁמֶשׁ וּבַשֶּׁלֶג מְנַמְנֶמֶת לָהּ
בְּרוּקְלִין זוֹ שֶׁמִּחוּץ לָעוֹלָם
בֵּין כְּסָתוֹת רַכּוֹת, עֲצוּמוֹת
שֶׁל שַׁבָּת.

לְפָנַי, גָּבֹהַּ, תָּלוּי הַגֶּשֶׁר
בְּחוּטִים דַּקִּים שְׁקוּפֵי קֶרַח, תָּלוּי וְעוֹמֵד.
מִכָּאן עַד הָאֹפֶק זָע
רַק הֶבֶל פִּי.

לֹא צָרִיךְ לְמַהֵר. עַל קַו הַחוֹף הַכְּתֹבֶת:
דֶּד אֶנְד. סוֹף מֵת.
יֵשׁ לָהּ כַּמָּה פֵּרוּשִׁים
וְכֻלָּם כִּפְשׁוּטָם.

זֶה שִׁבְעִים שָׁנָה אֲנִי בִּקְצֵה הַגֶּשֶׁר
עִם תֵּבַת־הַצִּלּוּם הַכְּבֵדָה עַל תְּלַת־רֶגֶל.
יָדַי, מִתַּחַת לַבַּד הַשָּׁחוֹר, מַמְתִּינוֹת
לָאוֹר הַנָּכוֹן.

כְּאִלּוּ עֲדַיִן הַשֶּׁלֶג הַיְּהוּדִי הַהוּא.
הַזֹּהַר מְסַנְוֵר,
הַחֲשִׂיפָה גְּדוֹלָה מִדַּי.
בַּתַּצְלוּם יֵצֵא רַק

מַלְבֵּן לָבָן.
וְזֶה אֵינֶנּוּ מָשָׁל,
זֶה הָעִנְיָן כִּפְשׁוּטוֹ,
כְּשֵׁם שֶׁאֲנִי

עוֹקֵר סוֹף־סוֹף הַבַּיְתָה. אַחֲרַי
מְדַדֶּה טוּר לָבָן וְאָפֹר וְשָׂמֵחַ, שְׁחָפִים
מֵחֲסִידֵי לוּבָּבִיץ׳. נוֹפְפִים לְשָׁלוֹם,
וְחוֹלְפִים בַּשֶּׁלֶג, כָּמוֹנִי.

Bridgehead Photograph

In sun and snow, peacefully, it slumbers,
this Brooklyn from another world,
between huge soft eiderdown quilts
of Sabbath.

In front of me the bridge, high up
on thin translucent ice-threads, is suspended
in doubt. From here to the skyline
nothing is moving but my breath.

No hurry. On the wharf opposite:
a sign, Dead End.
It has several meanings,
all simple.

For seventy years now I've stood at this bridgehead
with the heavy box-camera on its tripod.
My hands underneath the black cloth are still waiting
for the perfect light.

As if there were still
that Jewish snow. The glare
dazzles me, the exposure
is too wide. Nothing will appear on the photo

but a white rectangle.
And this is no metaphor, truly, this is
the matter itself,
just as I

finally break away, heading home. Following me,
gray and white and cheerful, a row of seagulls
waddle along: Lubavitcher hasidim. They wave good-bye and
    vanish,
like me, in the snow.

הַסּוֹפֵר הַמָּנוֹחַ: תַּצְלוּם בַּגֶּשֶׁם

וּבְכֵן, אֲרֹנִי, רֹאשְׁךָ הַצּוֹחֵק מְרַחֵף לוֹ
בֵּין קִמְרוֹנוֹת שְׁחוֹרִים, בְּקָתֶדְרָאלָה
שֶׁל מִטְרִיָּה פְּתוּחָה.
אֲנִי קוֹרֵא בְּקָמָטֶיךָ וְנִבְהָל:
בַּדַּאי, בַּדַּאי, אֵיךְ נִחַשְׁתָּ אוֹתִי
בְּטֶרֶם הָיִיתִי.

שְׂפָמְךָ מְלַגְלֵג. כְּבָר הִשְׁלִים בֵּין קְצָווֹת.
אַתָּה נָזִיר שֶׁנִּמְלַט בִּגְלִימָה מְרֻפֶּטֶת
מִפְּנֵי הַשֵּׂכֶל הַיָּשָׁר, הַמְרֻבָּע, שֶׁל מֶנְהֶטֶן.
אַתָּה כּוֹפֵר, אֲרֹנִי. הַגֶּשֶׁם מִתְפַּלֵּל
עַל תֵּשַׁע נִשְׁמוֹתֶיךָ.

רַק בָּאֶצְבַּע הַזֹּאת שֶׁלְּךָ לֹא פִּקְפַּקְתָּ:
הִיא גָּדְלָה אִתְּךָ יַחַד,
תִּקְתְּקָה אֶת סְפָרֶיךָ.
לִבְסוֹף לָפְתָה אֶת הַהֶדֶק
וְרָמְזָה לְךָ: בּוֹא. הַכֹּל כַּצָּפוּי.

רִגְעֵי זִקְנָה

1

מִישֶׁהוּ שׁוֹאֵל אוֹתוֹ מָה הַיּוֹם בַּשָּׁבוּעַ.
אֵינֶנּוּ יוֹדֵעַ, הוּא מִצְטַעֵר. אֵינֶנּוּ יוֹדֵעַ מַדּוּעַ.
שָׁנִים, אֲנָשִׁים. שֵׁם אַחֵר, אוּלַי שֵׁם אַחֵר.
בְּוַדַּאי גַּם בָּזֶה יִזָּכֵר.
לִפְעָמִים, בַּדֶּרֶךְ
זָר וּמְחַיֵּךְ הוּא חוֹבֵק עִתּוֹן עֶרֶב.
אוֹ פִּתְאֹם הוּא בַּשּׁוּק, בֵּין שְׁלַל אֲנָשִׁים מְדְאָגִים,
אָבוּד בָּאֲוִיר, פְּעוּר פֶּה, הוּא חַי עִם הַדָּגִים.
כִּכְלוֹת הַכֹּל הוּא פָּטוּר מֵאַשְׁמָה,
טַרְדָן זָקֵן שֶׁשּׁוֹאֵל וְשׁוֹאֵל עַל שׁוּם מָה.

The Deceased Writer: Photograph in the Rain

And so, Ernie, your laughing head floats along
among black arches, in the cathedral
of an open umbrella.
I read in your wrinkles and am scared:
Storyteller, how did you guess me
before I was.

Your mustache snickers. It reconciled extremes.
You're a monk who has run away in a shabby coat
from the common sense—straight, square—of Manhattan.
You're a heretic, Ernie.
The rain is praying for your nine lives.

This finger of yours, the only thing you never doubted:
it grew up with you, typed your books.
At the end it pulled the trigger
and beckoned to you: come. Everything as foreseen.

Moments of Old Age

1

Someone asks him what day it is. What day?
He doesn't know. He's sorry; can't tell why.
The years, the people. Perhaps a different name.
He'll try to think of it, perhaps, in time.
Sometimes he finds himself outside, a stranger,
his fingers tightening around the evening paper.
Or suddenly at the market, lost in the crush
of bodies, blue-lipped, gaping like a fish.
In the end, he'll be acquitted and go free—
an old fool who was always asking Why.

2

שֵׁב לְךָ בַּבַּיִת, הֶעָתִיד בָּטוּחַ,
קֻמְקוּם הַתֵּה מַמְתִּין לְךָ רָתוּחַ.
הַכֻּרְסָאוֹת, כְּלָבִים טוֹבִים, הִזְקִינוּ
וְנָחוּ לְרַגְלֶיךָ. לֹא הֵבִינוּ.
וּמִדֵּי פַּעַם, בֵּין חָמֵשׁ לְשֵׁשׁ,
בָּא זְבוּב צָעִיר מִן הָעוֹלָם, רוֹחֵשׁ
זְמַן־מָה סְבִיבְךָ וּמִתְכַּבֵּד, אָדִיב,
בְּתֵה וְתוּפִינִים. אַתָּה מַקְשִׁיב
לְזִמְזוּמָיו עַל צָרוֹתָיו שֶׁלּוֹ – –
לֹא לֹא, אֵינְךָ טוֹעֵן שֶׁאֵין שָׁלוֹם.

הַפּוֹרְטְרֵט

הַיֶּלֶד
אֵינֶנּוּ יוֹשֵׁב בִּמְנוּחָה,
קָשֶׁה לִי לִתְפֹּס אֶת קַו לְחָיָיו.
אֲנִי רוֹשֵׁם קַו אֶחָד
וְקִמְטֵי פָּנָיו מִתְרַבִּים,
אֲנִי טוֹבֵל מִכְחוֹל
וּשְׂפָתָיו מִתְעַקְּמוֹת, שְׂעָרוֹ מַלְבִּין,
עוֹרוֹ הַמַּכְחִיל מִתְקַלֵּף מֵעַל עַצְמוֹתָיו. אֵינֶנּוּ.
הַזָּקֵן אֵינֶנּוּ וַאֲנִי
אָנָה אֲנִי בָא.

2

Stay at home: the future will not move.
A teapot waits and whistles on the stove.
The armchairs have grown thin; the faded rug
can't understand; a stool like a dog
lies by your slippered feet. At times a fly
from the world behind your windowpane drops by,
to fly around your head, to try the cake
you courteously offer it, to talk
about its troubles. You listen to it buzz.
No no, you don't complain that there's no peace.

The Portrait

The little boy
keeps fidgeting,
it's hard for me to catch the line
of his profile.
I draw one line
and his wrinkles multiply,
dip my brush
and his lips curl, his hair whitens,
his skin, turned blue, peels from his bones. He's gone.
The old man is gone. And I,
whither shall I go?

גִּלְגּוּל קוֹדֵם

PREVIOUS LIVES

הַמִּגְדָּל

לֹא רָצִיתִי לִגְבֹּהַּ, אֲבָל זִכְרוֹנוֹת זְרִיזִים
שֶׁהֵנִיחוּ נִדְבָּךְ עַל נִדְבָּךְ, כָּל אֶחָד לְנַפְשׁוֹ,
נִבְלְלוּ בַּהֲמוֹן שָׂפוֹת זָרוֹת,
וְהִשְׁאִירוּ בִּי מְבוֹאוֹת פְּרוּזִים,
מַדְרֵגוֹת שֶׁלֹּא הוֹבִילוּ, פֶּרְסְפֶּקְטִיבוֹת שְׁבוּרוֹת.
לְלֹא תֻּרְגְּמָן לְעַצְמִי, לֹא גָּמוּר
נֶעֱזַבְתִּי סוֹף סוֹף.
רַק לִפְעָמִים בִּפְרוֹזְדוֹר מְעֻקָּם
עוֹד קָם בִּי וָרֶץ
כְּמוֹ רוּחַ פְּרָצִים לַחַשׁ קָטָן בְּלִי אֹמֶר,
וְנִדְמֶה לִי שֶׁאֲנִי מְעַרְבֹּלֶת אָבָק, שֶׁלְּרֶגַע
רֹאשָׁהּ בַּשָּׁמַיִם,
וְלִפְנֵי שֶׁאֲנִי מִתְעוֹרֵר
מִתְפּוֹרֵר בִּי גּוּשׁ לְבֵנֵי הַשְּׂרוּפוֹת
וְשָׁב אֶל הַחֹמֶר.

דִּפְדּוּף בְּאַלְבּוֹם

נוֹעַד לִגְדוֹלוֹת, הוּא שׁוֹכֵב עַל בִּטְנוֹ וּמוֹצֵץ
נִכְחוֹ בְּבִטְחָה. מֶרְחֲבֵי הָרִצְפָּה מְחַכִּים לוֹ:
הַכֹּל מַטָּרָה, אִי אֶפְשָׁר לְהַחֲטִיא. וּכְבָר
הוּא גָּדוֹל, מְצֻלָּם עַל רַגְלָיו וְשׁוֹכֵחַ
אֶת אֲשֶׁר לֹא יִלְמַד. לְרֶגַע אֶחָד
הוּא נִכְנָס לִתְמוּנַת הַמַּחֲזוֹר וּמְחַיֵּךְ
לְמַעְלָה, לְיַד הַמּוֹרִים. וּבֵינְתַיִם
עִם אִשָּׁה אוֹ שְׁתַּיִם בַּחוֹף, עֲקֵבוֹת
חוֹלְפִים בַּחוֹל. וְתוֹךְ כְּדֵי כָּךְ כְּבָר הוּא נָח
מְבֻגָּר וּמַצְהִיב בְּתַצְלוּם מַחֲשָׁבוֹת,
יָד לַמֵּצַח, עַרְבַּיִם. עוֹד לִפְנֵי שֶׁפָּתַר, הוּא מַמְשִׁיךְ
זָהִיר בִּפְרוֹזְדוֹר אַפְלוּלִי, כְּגַנָּב,

The Tower

I did not want to grow, but quick-fingered memories
put layer upon layer, each one alone,
and were mixed in the tumult of strange tongues
and left in me unguarded entrances,
stairs that led nowhere,
perspectives that were broken.
Finally, I was abandoned.
Only sometimes in the twisted corridor
a small speechless whisper
still rises in me and runs
like a draft and it seems to me
that I am a whirlwind
whose head is for a moment in the sky
and before I wake up
the mass of my burnt bricks crumbles
and turns back
to clay.

Pages in an Album

Destined to great things, he lies on his belly and confidently
sucks. The expanses of the floor await him:
everything is a target; he can't miss. And already
he's grown up, standing on his feet and forgetting
what he will never learn.
For a moment he enters a class picture and smiles
on the top row, next to the teacher. Meanwhile
with a woman or two, on the beach, footprints
vanishing in the sand. At this time he is already resting,
adult and slightly yellowing, in a serious pose,
hand upon forehead, twilight. Even before he has found a solution,
he goes on cautiously in the dim corridor, like a thief,

וּמוֹצֵא
בִּקְצֵה אֶת עַצְמוֹ מְחַכֶּה לוֹ בָּרְאִי:
אוֹר חָזָק מִדַּי
שֶׁל נוּרַת הַבָּזָק תּוֹפֵס
אֶת דְּמוּתוֹ
וּמַחְשִׁיךְ
אֶת עַדְשׁוֹת הַזְּכוּכִית שֶׁל עֵינָיו.

קוֹנְכִית

מְגֻלְגָּל אֶל תּוֹכִי, לֹא הָיִיתִי קוֹנְכִית לְקוֹלְךָ.
בַּחוֹל הָרוֹפֵף אֶשָּׁאֵר.
אִם בְּאַקְרַאי אֲסַפֵּנִי מִי שֶׁעָבַר
שֶׁאֶהְיֶה לוֹ לְאֹזֶן וּמִתּוֹךְ פִּתּוּלַי אֲבַשֵּׂר
אֶת הַיָּם – לֹא אָמַרְתִּי דָּבָר.
בְּזִמְזוּם, בְּתַרְמִית שֶׁל דְּמָמָה
הֶחֱזַרְתִּי אֵלָיו אֶת הַהֹלֶם הָעֵר
שֶׁל דָּמוֹ. כְּאִלּוּ שַׁרְתִּי, כְּאִלּוּ שָׁמַע.
רֵיק מִתָּמִיד וְכָלוּא בְּכָל פִּתּוּלַי
אֵיךְ אֶחְיֶה בְּצִוּוּיֵךְ שֶׁלֹּא הֵטַלְתָּ עָלַי
וּבְאֵיזֶה חוֹף, בְּאֵיזֶה סוּף מְנוּחָה?
בַּחוֹל הָרוֹפֵף אֶשָּׁאֵר.
אֵין לִי מָנוֹס מִפְּנֵי שְׁתִיקָתְךָ.

צֵא

צֵא מֵאִצְטַגְנִינוּת שֶׁלְּךָ, מְסַדֵּר
הַמַּזָּלוֹת כְּלוּאֵי הַגַּלְגַּלִּים
שֶׁלֹּא לְךָ דָּלְקוּ. שָׁקוּל אוֹת הַמֹּאזְנַיִם.

and at the end finds
himself, waiting for himself in the mirror:
the too bright light
of a flashbulb catches
his image
and burns out
the glass lenses of his eyes.

Seashell

Coiled into myself, I was not a seashell for your voice.
I will remain on the unsteady sand.
If a passerby happened to pick me up,
to try me as an ear, to listen in me for good news
of the sea—I didn't say a word.
With murmuring, with delusive silence,
I gave him back the wide-awake beat
of his blood. As if I had sung: as if he had heard.
Emptier than ever, imprisoned in my convolutions,
how will I live by the commands that you didn't give me,
and on what shore, to what rest's end?
I remain on the shifting sand.
I have no escape from your silence.

Come

Come out of your astrology, the order
of constellations imprisoned in wheels
which shone, but not for you.
The sign of Libra is balanced.

עָיַפְתָּ. מֶבָּטֶיךָ הָעוֹלִים
לְאַשְׁמוּרוֹת־בֵּינַיִם
לְמֶרְחַקִּים אֲשֶׁר אֵינְךָ מוֹצֵא
חוֹזְרִים רֵיקִים אֶל תּוֹךְ עֵינֶיךָ. צֵא,
וְהֵאָסֵף אֶל תּוֹךְ הַחֲשֵׁכָה
שֶׁבֵּין הַמְּאוֹרוֹת,
וְסֹב כָּבוּי בְּתוֹךְ גַּלְגַּל דָּמְךָ.

הַיְרִיָּה

הָפוּךְ, הוּא מְחַכֶּה עוֹד, וּבְאָזְנָיו נִשְׁאֲרָה
רַק רֵאשִׁיתוֹ שֶׁל קוֹל, כְּמוֹ הֲבָרָה
אַחַת שֶׁל מָוֶת, הֵד
נִפְתָּל בָּרַקּוֹת.
קִלּוּחַ יָבֵשׁ נִמְלָט מִשַּׁקֵּי הַחוֹל. רוּחַ אַחַת
מְנוֹפֶפֶת בַּשֵּׂעָר וְנִכְנַעַת. אַךְ עוֹדֶנּוּ שַׁלִּיט
עַל צְבָא גּוּפוֹ, הוּא נוֹתֵן אוֹת
וּמַהְפֵּכַת אִישׁוֹנָיו פּוֹנָה פְּנִימָה, עַכְשָׁו הוּא רוֹאֶה:
וּבְכֵן, עֵת לַחֲשׁוֹת. הוּא יַעֲרֹךְ מֵחָדָשׁ
מַמְתִּין בְּסֵתֶר הָעֵשֶׂב, אוֹרֵב לַבָּאוֹת.
אֲבָל אֶת דָּמוֹ הַפָּלִיט
שֶׁתָּעָה בְּעוֹרְקָיו, אֵינֶנּוּ יָכוֹל לִכְלוֹא
וְהוּא יוֹצֵא טֶרֶם עֵת וְצוֹעֵק מִן הָאֲדָמָה,
הָאֲדָמָה שֶׁלֹּא פָּצְתָה אֶת פִּיהָ
וְלֹא רָצְתָה לִהְיוֹת שֶׁלּוֹ.

You are tired. Your gaze ascending
to distances which you do not find
returns empty into your eyes.
Come: and be gathered into the midst of the darkness
between the stars, and revolve,
extinguished, inside the wheel of your blood.

The Shot

Upside-down, he still
waits, and in his ears there is still
just the beginning of a sound,
like the one syllable
of death, an echo
rebounding inside his skull.
A dry drizzle escapes
from the sandbags. A wind
waves the hair and surrenders.
But still he can command
his body's troops, he gives the signal
and the revolution of his eyeballs turns
inward, now he can see:
well then,
a time to keep silence.
He will marshal himself again,
hide in the grass,
lie in ambush
for the things to come.
But his refugee blood
which wandered about in his veins
cannot be imprisoned,
leaves too soon
and cries out from the ground,
the ground which did not open its mouth
and did not want to be his.

הַהַתְחָלָה

בְּתֹהוּ הַקֶּרַח לִפְנֵי תֹּם הַבְּרִיאָה מְחַכִּים
צִיִּים רְחוֹקִים שֶׁל בַּרְזֶל. גְּבוּלוֹת
מִסְתַּמְּנִים בַּסֵּתֶר. גָּבוֹהַּ מְאֹד מְרַחֵף
מֵעַל לְעָשָׁן וּלְרֵיחַ שׁוּמָן וְעוֹרוֹת
כֶּתֶם מַגְנֵטִי צָהֹב
וְקַרְנֵי אֲלַכְסוֹן שֶׁבַּקֹּטֶב, עֵרוֹת, חַדּוֹת עַיִן,
תָּרוֹת אַחַר הַסִּימָן. הַצּוֹפָן פֵּעֲנַח.
עַכְשָׁו שֶׁהַכֹּל מְזֻמָּן לִקְרַאת חֹשֶׁךְ
נוֹשֶׁפֶת, פְּרוּעַת פַּרְוָה, מֵאֹפֶק
רוּחַ בְּתוֹךְ עַצְמוֹת הָרִים חֲלוּלוֹת
וּבְרֶגַע הָאֶפֶס
הַדֻּבָּה הַגְּדוֹלָה, הַדּוֹלֶקֶת, חַדַּת הַשִּׁנַּיִם
יוֹצֵאת יַחוּמָה. הַשָּׁמַיִם עוֹמְדִים
וְהָאָרֶץ וְכָל צְבָאָם. עֵת מִלְחָמָה.

הַמַּחֲזוֹר

לֵךְ אֶל הַנְּמָלָה, עָצֵל, וְלֵךְ
בְּטוּר שָׁחוֹר בֵּין צוּקֵי רְגָבִים אַדִּירִים
בְּדֶרֶךְ כָּל אַחֶיךָ
וּטְמֹן אֶת יְבוּל הַגַּרְגֵּר. כָּךְ
לֶעָפָר תָּשׁוּב בְּעוֹנָה מִתְפּוֹרֶרֶת,
וּלְעֹמֶק כּוּכֵי זְחָלִים, אֶל הָמוֹן חֲלָבִי
וְעִוֵּר, הָמוֹן מִתְפַּתֵּל מִתְּשׁוּקָה
לִרְחֹשׁ וְלָרוּץ
בְּטוּר שָׁחוֹר בֵּין צוּקֵי רְגָבִים אַדִּירִים
וּבְרוּחַ קָצִיר
לִטְמֹן אֶת יְבוּל הַגַּרְגֵּר שֶׁיָּבוֹא
וְאֶת קַשׁ גּוּפְךָ. לְמַד אֶת דְּרָכֶיךָ.

The Beginning

In the ice-filled chaos before the end of creation,
distant fleets of steel are waiting.
Boundaries are secretly marked.
High above the smoke and the odor of fat and skins hovers
a yellow magnetic stain;
oblique rays at the pole, alert, quick-eyed,
search for the signal. The code is cracked.
Now that all is prepared for darkness,
a wind, with savage fur, from the horizon, blows
in the hollow bones of mountains,
and at the zero-hour
the Great Bear, blazing, strides forth
in heat. The heavens stand now,
and the earth, and all their hosts.
A time of war.

The Cycle

Go to the ant, you sluggard, and go
in the black column between mountain-high furrows
in the way of all your kind
and store the harvest of one grain. Thus
to dust you will return in a crumbling season,
to the deep cells of larvae,
to the blind milk-white mass
wriggling with desire
to swarm, to run
in the black column between mountain-high furrows
and in an autumn wind
to store the harvest of one grain which will come
and the straw that is your body.
Consider your ways.

יְבוּלִים

עַכְבַּר הַשָּׂדֶה הֶעָרוּם
אוֹגֵר וְאוֹגֵר לִשְׁנוֹת מָצוֹר וּקְרָב.
פְּתַלְתּוּלִים מְבוֹאוֹת הַמַּחֲבוֹא, רַבִּים גַּרְגִּירָיו.
מֵעָלָיו כְּמֵאָז
חוֹגֶגֶת הָאֵשׁ בַּתְּבוּאָה, וּבְלֵב הַשֶּׁמֶשׁ
מַמְתִּין לוֹ, דַּיְקָן וְחַד־עַיִן, הַבַּז.

מוּכָן לִפְרֵדָה

מוּכָן לִפְרֵדָה, כְּאִלּוּ כְּבָר עֹרֶף פָּנִיתִי,
מֵתַי בָּאִים לִקְרָאתִי שְׁקוּפֵי נְשִׁימָה.
אֵינֶנִּי מַשְׁלִים:
הַקָּפָה אַחַת שֶׁל כִּכָּר, גֶּשֶׁם אֶחָד,
וַאֲנִי אַחֵר וּפְגוּם שׁוּלַיִם, כְּמוֹ עֲנָנִים.
אָפֹר בָּעִיר הַחוֹלֶפֶת, חוֹלֵף וְשָׂמֵחַ
בֵּין פַּנָּסִים שֶׁל עֲרַאי
עוֹטֶה זָרוּתִי כִּמְעִיל, אֲנִי חָפְשִׁי לַעֲמֹד
עִם אֲנָשִׁים הָעוֹמְדִים בְּפֶתַח שֶׁל רֶגַע
בְּשַׁעַר אֶחָד בְּאַקְרַאי, אַלְמוֹנִים כְּטִפּוֹת
וּקְרוֹבִים וְעוֹבְרִים זֶה בָּזֶה בִּזְכוּת זָרוּתָם.

מוּכָן לִפְרֵדָה, מְחַכֶּה מְעַט בַּקִּמְרוֹן
לְאוֹתוֹת חַיֵּי הַנִּגְלִים בְּטִיחַ קָלוּף
וְנִשְׁקָפִים מִשִּׁמְשָׁה אֲטוּמָה. הַפְתָּעָה שֶׁל וְרָדִים.
בּוֹקַעַת – כְּבָר עָתִיד – מְגַלְגֶּלֶת עוֹרְקֶיהָ
פְּרִיחָה אֶל כָּל רוּחַ. אוּלַי
שֶׁלֹּא בְּעִתִּי אֶל עַצְמִי וּמִמֶּנִּי וְהָלְאָה
שַׁעַר מִשַּׁעַר אֵצֵא אֶל ג'וּנְגֶל שֶׁל גֶּשֶׁם,
חָפְשִׁי לַעֲבֹר כְּמִי שֶׁנִּסָּה אֶת כֹּחוֹ
אֵצֵא
מֵחֲלַל הַבֵּינַיִם כְּמוֹ מֵחוֹמוֹת שֶׁל כְּפִירָה.

Harvests

The prudent field-mouse
hoards and hoards for the time of battle and siege.
His home is furnished with cunning
passageways; his granary is full.
Above him,
as always, the fire revels in the wheat
and in the heart of the sun, waiting for him—
sharp-eyed, punctual—the hawk.

Ready for Parting

Ready for parting, as if my back were turned,
I see my dead come toward me, transparent and breathing.
I do not consent:
one walk around the square, one rain,
and I am another, with imperfect rims, like clouds.
Gray in the passing town, passing and glad,
among transitory streetlamps,
wearing my strangeness like a coat, I am free to stand
with the people who stand at the opening of a moment
in a chance doorway, anonymous as raindrops
and, being strangers, near and flowing one into another.

Ready for parting, waiting a while
for the signs of my life which appear in the chipped plaster
and look out from the grimy windowpane. A surprise of roses.
Bursting out and already future, twisted into its veins—
a blossoming to every wind. Perhaps
not in my own time into myself and from myself and onward
from gate within gate I will go out into the jungle of rain,
free to pass on like one who has tried his strength
I will go out
from the space in between as if from the walls of denial.

חִפּוּשִׂיּוֹת פַּרְעֹה

בַּצָּהֳרַיִם אַתָּה שָׁב לֶעָפָר
שֶׁל עָרִים חֲרוּשׁוֹת וּקְצוּרוֹת וּמְגַלֶּה חֲרָסִים
מֵחוֹרֵי עֵינֵיהֶן. עַכְשָׁו, בְּאֵיזֶה אֶלֶף,
לְפִי אֵיזֶה לוּחַ שָׁבוּר, חוֹלֵף עַל פָּנֶיךָ
הַפָּרָשׁ חַד הַצֵּל שֶׁהִתְפּוֹרֵר בָּרוּחַ
וְשָׁב לִקְצִיר הַחִצִּים וְהַחֶרֶב, כָּמוֹךָ.
מִשְׁתּוֹמֵם בְּרוּחַ הָאֵפֶר
מְלַכְסֵן קֶשֶׁת גַּבּוֹתָיו הָרֵיקָה
מְבַקֵּשׁ אוֹצְרוֹת זָהָב וָקַשׁ.

דָּבָר לֹא הֻכְרַע, לֹא עָבַר, וּמַתְחִיל תָּמִיד
בַּעֲפַר הָאֵימָה, שֶׁבּוֹ, שְׁחוֹרוֹת, בְּלִי אֹמֶר
לָשׁוֹת חִפּוּשִׂיּוֹת פַּרְעֹה
בְּכָל רַגְלֵיהֶן
לְבֵנִים לְאַמְבָּר וְחוֹמָה
שֶׁל עָרֵי מִסְכְּנוֹת, וְהַדָּם מִתְבּוֹסֵס בַּחֹמֶר.

בְּחִינַת־הַסִּיּוּם

"אִם אֵינֶנִּי טוֹעֶה:
הַבָּרָק שֶׁכָּבָה מַבְקִיעַ רַק עַכְשָׁו
אֶת הָעַיִן.
הָאֲוִיר שֶׁבִּמְקוֹם הַיָּד הַקְּטוּעָה
כּוֹאֵב לַגִּדֵּם".
– לֹא, לֹא כָּךְ. לֹא שָׁם הַזִּכָּרוֹן.
אָמַרְתָּ רַק מָשָׁל.
אֲבָל אַתָּה, עַבְדִּי, אַתָּה
חַיָּב לְדַיֵּק. מִמְּךָ צִפִּיתִי לְיוֹתֵר מִזֶּה.

Scarabs

At noon you go back to the dust
of cities plowed and harvested and uncover potsherds
from the sockets of their eyes. Now, in what century,
according to what broken calendar, passes before you
the rider who crumbled in the wind,
and returns to the harvest of arrows and swords, like you.
Astonished in the wind of ashes,
he bends the empty bow of his eyebrows, searches
for treasures of gold and straw.

All is left undecided. And begins forever
in the dust where—black, speechless—
scarabs,
with all their feet,
knead bricks for the walls and storehouses
of treasure cities,
and the blood splashes in the clay.

Final Examination

"If I am not mistaken:
the lightning that disappeared
only now pierces
the eye.
The air that has taken the place
of the severed hand hurts
the cripple."

   —No, that is not right. Memory is not there.
What you said is only a parable.
But you, my servant, you
must be precise. I expected more from you.

אֵין דָּבָר, אַל תִּירָא, עַבְדִּי. לֹא תִּכָּשֵׁל.
חֲשֹׁב. חֲשֹׁב עוֹד פַּעַם יָפֶה וַעֲנֵה לִי:
אֵיפֹה הַזִּכָּרוֹן?
מִי הִבְקִיעַ?
מַה נִּקְטַע?

כְּבָר הָיִיתִי בְּטֶרֶם אֲנִי

כְּבָר הָיִיתִי בְּטֶרֶם אֲנִי
בְּרוּחַ לַיְלָה מֻפְתַּעַת מֵכְרָח לָשׁוּב
עָיֵף בְּעֵשֶׂב יָבֵשׁ וְנִשְׁמָע
לְצַו שֶׁל קוֹל טוֹרְדָנִי.
עַל אֵם הַדֶּרֶךְ נֵרוֹת נְשָׁמָה
בְּהִירִים וְיָפִים לָמוּת הוֹרוּנִי לָבוֹא:
הַבַּיִת, הַשֵּׁם הַזָּר הָאוֹרֵב לִי
בְּעוֹרְקֵי הַחֹשֶׁךְ הָאֵלֶּה. סָגוּר
בֵּין דָּמִי לְדָמִי, בַּחֹם הָעִוֵּר הַמְקֻפָּל בִּי
הַבּוֹעֵט מִתּוֹכִי לָצֵאת
מִן הֶחָלָל הַמָּתוֹק וְלִצְעֹק פִּתְאֹם
בָּאֲוִיר הָרָץ בָּרֵאוֹת.
כְּבָר אֵינֶנִּי
– הָיִיתִי קַיִץ רָחוֹק – וּבָרֶגַע הַזֶּה
שֶׁעָלַי לִרְאוֹת אֶת הָאוֹר הָאַחֵר, אֶהְיֶה
אֲשֶׁר אֶהְיֶה. כְּבָר אֵינֶנִּי זוֹכֵר.

It doesn't matter. Do not fear, my servant. You will not fail.
Think. Think again, well, and answer me:
Where is memory?
Who has pierced?
What was severed?

Already

Already I was before I am
forced in a surprised night wind to return
exhausted in dry grass and obeying
the command of a nagging voice.
On the main road bright candles for the dead
told me to come:
the house, the strange name lying in wait for me
in these veins of darkness. Closed
between my blood and my blood, in the blind warmth
folded inside me, kicking from within me to leave
the sweet hollow and suddenly cry out
in the air running through the lungs.
Already I am not
(I was a distant summer) and at this moment,
when I must see the other light, I am
that I am. Already
I do not remember.

אַהֲבוֹת הֲפוּכוֹת

LOVES CONTRARY

מְאַהֵב חָדָשׁ

אַתְּ אוֹסֶפֶת אוֹתִי, זָהוּב כִּמְעַט עָזוּב,
וּמְשַׁפְשֶׁפֶת אוֹתִי בֵּין אֲגוּדָל וְאֶצְבַּע:
אֲנִי מִשְׁתַּדֵּל לִהְיוֹת חָדָשׁ, אֲפִלּוּ קְצָת לְהַבְרִיק.

אַתְּ בּוֹחֶנֶת אֶת עֶרְכִּי הַנָּקוּב,
מִתְבּוֹנֶנֶת בַּפַּרְצוּף שֶׁנִּטְבַּע בִּי:
אֲנִי מִתְגַּדֵּל, כִּמְעַט קֵיסָר שֶׁל מַמָּשׁ.

לֹא דַּי. אַתְּ מַרְכִּינָה אֵלַי אֹזֶן דּוֹאֶגֶת,
מַקִּישָׁה, מַקְשִׁיבָה לִי: אֲנִי מַשְׁמִיעַ לָךְ
אֶת צִלְצוּלִי הַזַּךְ בְּיוֹתֵר, כִּמְעַט לְלֹא סִיג.

לִבְסוֹף, כְּחַלְפָנִית לְמוּדַת נִסָּיוֹן,
אַתְּ נוֹשֶׁכֶת אוֹתִי: אוּלַי יִתְעַקֵּם
הַזָּהוּב הַמְזֻיָּף הַזֶּה.

אֲנִי קָשֶׁה, עוֹמֵד בַּנִּסָּיוֹן: אָמְנָם לֹא זָהָב,
אֲבָל נֶתֶךְ הָגוּן. עַכְשָׁו תּוּכְלִי
בְּלֵב בּוֹטֵחַ לְבַזְבֵּז אוֹתִי.

טָעֻיּוֹת

אַתְּ חוֹשֶׁבֶת שֶׁאֲנִי מַגִּיעַ סוֹף־סוֹף, אֲבָל אֵלֶּה
הֵם רַק צְעָדִים כְּבֵדִים רִאשׁוֹנִים שֶׁל גֶּשֶׁם.

אַתְּ חוֹשֶׁבֶת שֶׁזֶּהוּ צַעַר חָדָשׁ, אֲבָל זֶהוּ
רַק קִיר מְסֻיָּד כְּמִיָּמִים יָמִימָה.

זֶהוּ פִּתּוּי מְפֻתָּל, אַתְּ חוֹשֶׁבֶת,
אֲבָל זֶה רַק נָחָשׁ עָשׂוּי נְיַר־מֶשִׁי.

אַתְּ חוֹשֶׁבֶת שֶׁזּוֹ יְרִיָּה בּוֹדֶדֶת,
אֲבָל רַק רוּחַ טָרְקָה אֵיזוֹ דֶּלֶת.

אַתְּ חוֹשֶׁבֶת שֶׁזֶּה אֲנִי,
אֲבָל זֶה רַק אֲנִי.

A New Lover

You pick me up, a coin someone has lost,
and rub me between thumb and forefinger.
I try to be new, even to shine a little.

You look for my denomination,
examine the face stamped on me.
I make myself rare, almost a real king.

Still not enough. You incline a doubtful ear,
strike me, and listen. I ring for you
with my purest sound, almost flawless.

And last, as an experienced money changer,
you bite me: perhaps it will bend,
this phony gold-piece.

But I am hard, I stand the test; not gold, but still
a decent alloy. Reassured,
now you can spend me, at your will.

Mistakes

You think I'm arriving at last, but these
are just the first heavy footsteps of rain.

You think this is a new sorrow, but it's just
a whitewashed wall, the same as always.

This is a coiled temptation, you think,
but it's just a crêpe-paper dragon.

You think this is a single gunshot,
but it's just a crêpe-paper dragon.

You think this is me,
but it's just me.

לֵב פִּתְאֹמִי

לֵב פִּתְאֹמִי, לוּלְיָן בְּלִי חֶבֶל
וּבְלִי מְנוּחָה, לְמָתַי?
לְמַטָּה נָדִים לְךָ סוּסֵי הַזִּירָה הַמּוּאֶרֶת,
צִיצֵי הַנּוֹצוֹת עַל רֹאשָׁם נוֹפְפִים לְשָׁלוֹם.
וּכְבָר סוֹפְדִים לְךָ בַּקֶּצֶב הַקָּטוּעַ
הַטּוּבָּה עֲגוּמַת הַנְּהִימָה
וְהַבַּטְנוּן, זָקֵן סֶנְטִימֶנְטָלִי.
לִקְרַאת נְפִילָתְךָ
נִמְתָּח הַרְחֵק בָּעֹמֶק
הַתֹּף.

אֲבָל הֶחָלָל הַכָּחֹל הַזֶּה,
אֲבָל הַנְּפִילָה הַחָפְשִׁית,
אֲבָל הַשִּׂמְחָה הַחַדָּה, הוֹ לֵב.

Sudden Heart

Sudden heart, tightrope walker with no rope
and no rest, how long will it be?
Down in the lighted arena the horses shake their heads
over you, their bright plumes waving good-bye.
And already the mournful tuba
and that sentimental codger, the double bass,
lament you in a syncopated rhythm.
Far down below
to meet your fall, stretches
the drum.

But this blue void,
this free fall,
this piercing joy

מֹחַ

BRAIN

מֹחַ

1

בְּתוֹךְ לֵיל הַגֻּלְגֹּלֶת
הוּא מְגַלֶּה לְפֶתַע
שֶׁנּוֹלַד.
רֶגַע קָשֶׁה.

מֵאָז הוּא טָרוּד מְאֹד. הוּא חוֹשֵׁב
שֶׁהוּא חוֹשֵׁב שֶׁ
וְהוּא סוֹבֵב סוֹבֵב:
אֵיפֹה הַמּוֹצָא?

אִלּוּ הָיוּ דְּבָרִים בְּאֵיזֶה עוֹלָם,
הָיָה בְּוַדַּאי אוֹהֵב אוֹתָם מְאֹד.
הָיָה קוֹרֵא שֵׁמוֹת לְכֻלָּם.
לְמָשָׁל שֵׁם אֶחָד: מֹחַ.
זֶה אֲנִי: מֹחַ: אֲנִי הוּא.

מֵאָז הוּא גּוֹלֶה, נִדְמֶה לוֹ:
אֶפְשָׁר הָיָה לִמְצֹא מָנוֹחַ.

2

אֵיךְ יָנִיעַ אֶת הַחֹשֶׁךְ?
מֹחַ מְרַחֵף לְבַדּוֹ עַל פְּנֵי הַתְּהוֹם.
אֲבָל עַכְשָׁו נִבְקָעִים בְּעַצְמוֹת הַמֵּצַח
שְׁנֵי פְּצָעִים עֲמֻקִּים, עֵינַיִם –
הָעֵינַיִם מַלְשִׁינוֹת לְפָנָיו
עַל הָעוֹלָם: הֲרֵי כָּאן, לְפָנָיו, מִשְׂתָּרֵעַ
עוֹלָם גָּמוּר וּמוּצָק,
וּמֹחַ מְרַחֵף רַק
מֶטֶר וְשִׁשִּׁים סֶנְטִימֶטֶר מֵעַל לָרִצְפָּה!
אֲבָל עַכְשָׁו שֶׁנּוֹדַע לוֹ הַכֹּל,

Brain

1

In the dark night of the skull
he suddenly discovers
he's born.

A difficult moment.

Since then he's been very busy.
He thinks
that he thinks that
and he goes around and around:
where's the way out?

If, in some world, there were things,
he of course would love them very much,
he would give names to them all.
For instance: Brain.
That's me. Brain. I'm it.

Ever since his exile, he reasons:
there must have been a place to rest.

2

How will he move the darkness?

Brain hovers upon the face of the deep.
But now two deep wounds burst
in the bones of the forehead. Eyes.
The eyes betray to him
the world: here, spread out before him,
a world, complete, solid:
look, Brain is hovering
just five feet six inches above the floor!
Now that the truth is out

תּוֹקֶפֶת אוֹתוֹ סְחַרְחֹרֶת גְּבָהִים נוֹרָאָה:
מֶטֶר וְשִׁשִּׁים!
לְבַדּוֹ עַל פְּנֵי הַתְּהוֹם.

3

מְקַנֵּן בּוֹ הַחֲשָׁד
שֶׁבְּכָל עוֹלַם הַגֻּלְגֹּלֶת
אֵין עוֹד מֹחַ מִלְּבַדּוֹ.

אַחֲרֵי זֶה, חֲשָׁד חָדָשׁ:
שֶׁהֲמוֹנֵי מֹחוֹת כְּלוּאִים בּוֹ,
צְפוּפִים מְאֹד,
וְהֵם מִתְפַּצְּלִים מִמֶּנּוּ, בּוֹגְדִים בּוֹ מִבַּיִת,
מְכַתְּרִים אוֹתוֹ.

וְהוּא אֵינוֹ יוֹדֵעַ מָה הָרַע
בְּמִעוּטוֹ.

4

נָכוֹן, אֵינֶנּוּ יָפֶה, אֲבָל
הוּא בַּעַל הוֹפָעָה מְעַנְיֶנֶת:
פִּתּוּלִים אֲפֹרִים־לְבָנִים,
שַׁמְנוּנִיִּים מְעַט, מַחֲלִיקִים זֶה עַל זֶה.
תַּלְתַּלֵּי שֵׂיבָה מִפְּנִים לַגֻּלְגֹּלֶת?
לֹא, מֹחַ אֵינוֹ דּוֹמֶה
לְשׁוּם דָּבָר בָּעוֹלָם, אוּלַי רַק
לַמְּעִי הַדַּק.

5

זֶה הַר. זוֹ אִשָּׁה.
אֲבָל מֹחַ מְפַעְנֵחַ מִיָּד:
לֹא הַר. בִּקְעָה מְהֻפֶּכֶת.

he is overwhelmed by vertigo:
five feet six!
Alone upon the face of the deep.

3

He has a suspicion
that in the whole universe of the skull
there is no other brain but him.

Then, a new suspicion:
that myriads of brains are imprisoned in him,
packed together,
splitting off from him, betraying him from within,
surrounding him.

And he doesn't know which evil
is the lesser.

4

True, he's not handsome, but
he's interesting-looking:
grayish-white convolutions,
a bit oily, sliding back and forth.
Silver curls inside the skull?
Oh no, Brain resembles
nothing else in the world,
except perhaps
the small intestine.

5

This is a mountain.
This is a woman.
But immediately Brain deciphers:
Not a mountain. An upside-down valley.

לֹא אִשָּׁה. גּוּף וְגַפַּיִם שֶׁהֶעֱמִידוּ פָּנִים.
רַק קַדַּחַת הַמְּעָרוֹת
הַתּוֹקֶפֶת אֶת הַדָּם בִּתְשׁוּקָה
אֵין בָּהּ סָפֵק.

6

מֹחַ מוֹצֵא לוֹ חָבֵר, סָגוּר כָּמוֹהוּ.
שְׁנֵיהֶם חוֹבְבֵי אַלְחוּט,
וּבִשְׁעוֹת הַפְּנַאי הֵם מְשַׁדְּרִים זֶה לָזֶה
מֵעֲלִיַּת הַגַּג.
מֹחַ שׁוֹאֵל לְמָשָׁל:
יֵשׁ לְךָ הֶקֵּשִׁים? מֶרְכְּזֵי אַזְעָקָה?
שֵׁשׁ־מֵאוֹת־מִילְיוֹן תָּאֵי זִכָּרוֹן?
וְאֵיךְ אַתָּה מַרְגִּישׁ בְּקֻפְסַת הַגֻּלְגֹּלֶת שֶׁלְּךָ, מֹחַ?

לִפְעָמִים הוּא מְנַסֶּה לְהִתְבַּדֵּחַ:
מַה נִּשְׁמָע אֶצְלְךָ?
מַה נִּרְאֶה אֶצְלְךָ, מֹחַ,
מַה נִּטְעָם וּמוּרָח אֶצְלְךָ עַכְשָׁו?
(וַהֲרֵיהוּ יוֹדֵעַ שֶׁחוּשׁוֹ הַשִּׁשִּׁי
דַּוְקָא הוּא הֶחָשׁוּב בֵּין חוּשָׁיו!).
אֲבָל חֲבֵרוֹ מִתְעַצְבֵּן:
אֲנִי מְבַקֵּשׁ מִמְּךָ, אַל תְּבַלְבֵּל אוֹתִי, מֹחַ.

כַּעֲבֹר זְמַן הוּא בֶּאֱמֶת מִתְיַדֵּד אִתּוֹ,
וְהוּא מְשַׁדֵּר לוֹ גַּם בְּעָיוֹת אִישִׁיּוֹת בְּהֶחְלֵט:
שְׁמַע־נָא, אַתָּה יוֹדֵעַ לִשְׁכֹּחַ?

7

בֵּין שְׁאָר פְּחָדָיו: שֶׁכְּתַב הַחַרְטֻמִּים
עֲדַיִן חָקוּק בּוֹ.
הוּא מֹחוֹ הַמְּפֻתָּל שֶׁל פַּרְעֹה בְּמוֹתוֹ.
וּפַרְעֹה טֶרֶם מוּכָן:
לִפְנֵי שֶׁחוֹנְטִים אוֹתוֹ,

Not a woman. A body putting up a front.
Only the cave fever
gripping the blood
is still the same desire.

6

Brain makes a friend, a shut-in like himself.
They both have radio sets
and in their spare time
they broadcast to each other from the attic.
Brain asks for example:
Have you got syllogisms? Alarm centers?
Six hundred million memory cells?
And how do you feel inside your cranium, Brain?

Sometimes he jokes around:
Have you heard any good ones lately?
Have you seen any good ones, Brain,
have you smelled any, tasted any?
(And all along he knows his sixth sense
is the most sensational of the five.)
But his friend is upset:
You're getting on my nerves, Brain.

After a while he becomes really intimate with him
and broadcasts some strictly personal problems:
Tell me, do you know how to forget?

7

One of his fears: that he still has hieroglyphs
carved inside him.
He is the twisted brain
of Pharaoh on his deathbed.
Pharaoh is not yet ready.
Before they mummify him

מְחָרֵר הַחוֹנֵט אֶת שְׁנֵי נְחִירָיו
וְשׁוֹאֵף דַּרְכָּם
אֶת הַמֹּחַ הַקָּר.

8

וַיְהִי בְּמַחֲצִית מוֹתִי, בַּצַּעַר
עַל מַחֲצִית חַיַּי, וְעוֹד אֲנִי
אָחוּז בִּסְבַךְ עוֹרְקִים, בְּאֹפֶל יַעַר,

בִּסְבַךְ עוֹרְקִים, בֵּינִי וּבֵין דִּינִי – –
הֵגִיחַ פֶּתַע וּפָרַץ לוֹ דֶּרֶךְ
הַדָּם הַזֶּה, עַבְדִּי וַאֲדוֹנִי –

לָמָּה דִּבַּרְתִּי. וְאֶל מִי. לֹא לֹא,
הֲרֵי לֹא זֹאת רָצִיתִי לְהוֹדִיעַ.
הָאלוֹ? מִי שָׁם, מִי מַאֲזִין? הָאלוֹ?

9

עוֹרְקֵי הָרֹאשׁ הַפְּנִימִיִּים מַגִּיעִים לַחֵלֶק הַקִּדְמִי שֶׁל בְּסִיס הַמֹּחַ, וּמֵהֶם מִסְתָּעֲפִים עוֹרְקֵי הַמֹּחַ הַקִּדְמִי, הָאֶמְצָעִי וְהָאֲחוֹרִי – שְׁלָשְׁתָּם. בִּקְלִפַּת הַמֹּחַ, אַף עַל פִּי שֶׁהִיא דַּקָּה מְאֹד (מְאֹד) מְרֻכָּז הָרֹב הַגָּדוֹל שֶׁל גּוּפֵי נֶוְרוֹנִים בְּמַעֲרֶכֶת הָעֲצַבִּים: בָּאָדָם בְּעֵרֶךְ 10 מִילְיַארְד. הַמֹּחַ הוּא אֵבֶר הַזְּמַן. כֶּלֶב שֶׁהוּצָא מִמֶּנּוּ מֹחוֹ הַגָּדוֹל עוֹד יָכוֹל לִחְיוֹת זְמַן־מָה, אֲבָל רַק בַּהֹוֶה.
כָּל הֶעָבָר הַכַּלְבִּי כָּבֶה מִיָּד, הֶעָתִיד הַכַּלְבִּי כְּבָר אֵינֶנּוּ קַיָּם.
מֹחַ מְפַהֵק: הוּא נָבוֹךְ מֵרֹב תְּהִלָּה.
הָאוֹתִיּוֹת הַנִּפְלָאוֹת הָאֵלֶּה! מִי הִמְצִיא אוֹתָן?
מֹחַ. וְאֶת הַנְּיָר? מֹחַ.
וְאוֹתִי?
אֲבָל מֹחַ כְּבָר לָמַד לְהִתְגּוֹנֵן
מִפְּנֵי הַתְקָפָה שֶׁכָּזֹאת.
הוּא נוֹתֵן אוֹת: יְהִי אֹפֶל!
וּמִיָּד
סוֹגְרוֹת הָאֶצְבָּעוֹת
אֶת הָאֶנְצִיקְלוֹפֶּדְיָה.

they pierce both his nostrils
and suck out
the cold contents of his skull.

8

Midway into my death, in bitter grief
About my life's midway, being still ensnared
In a bush of veins, dark, with no relief,

In a bush of veins, still waiting for the word,
There suddenly burst out, before I knew,
This blood of mine, my servant and my lord—

Why did I speak. Whom did I speak to. No,
It wasn't this I wanted to announce.
Hello? Who's there, who's listening? Hello?

9

The internal veins of the head extend to the brain's anterior base; from
these radiate the veins of the proencephalon, the mesencephalon, and
the metencephalon. The brain shell, although it is very thin (very),
contains the great majority of the neurons in the nervous system (in
man, approximately 10 billion). The brain is the organ of time. A dog
from which the cerebrum has been removed is still able to live for a
time, but only in the present. All the doggish past vanishes instantly,
and the doggish future already does not exist.
Brain yawns: he is embarrassed by so much praise.
Those marvelous symbols! Who invented them?
Brain. And the paper? Brain.
And me?
But Brain has learned to evade
such attacks.
He gives a sign: Let there be darkness!
And at once
the fingers shut the encyclopedia.

10

הוּא מְבַקֵּשׁ לִהְיוֹת נֶאֱמָן
רַק לְעַצְמוֹ,
לִהְיוֹת נָקִי וְרֵיק,
רֵיק מִזִּכָּרוֹן כְּמוֹ רְאִי.

11

הוּא יָרֵחַ שֶׁשְּׁנֵי חֲצָאָיו
שְׁקוּעִים לָעַד בָּאֹפֶל.

12

מֹחַ מוֹנֶה
שְׁנִיּוֹת בְּדַרְכּוֹ מִכּוֹכָב לְמִשְׁנֵהוּ.
שָׁנִים בְּדַרְכּוֹ מִגַּרְגֵּר־חוֹל לְמִשְׁנֵהוּ.
שְׁנוֹת־אוֹר בְּדַרְכּוֹ הָאֲרֻכָּה בְּיוֹתֵר: אֶל מֹחַ.

13

שְׁעַת רָצוֹן. הוּא מִתְפַּנֵּק מְעַט
בְּהִרְהוּרָיו, כְּגוֹן
שֶׁשָּׁם, בְּאֵיזוֹ עֲרָפִלִּית,
בַּחֲלָלִים שֶׁבֵּין הַכּוֹכָבִים
שֶׁנִּתְמַזְּגוּ לְהֶבֶל חֲלָבִי,
שָׁם מְצַפָּה וַדַּאי אֵיזוֹ תַּכְלִית –
סְתוּמָה עֲדַיִן, אַךְ כֻּלָּהּ שֶׁלּוֹ.
מָחָר אוֹ מָחֳרָתַיִם, אִם יַחְלִיט,
יָסִיר לְבוּשׁ הַכֶּלֶא הָאָפֹר,
וּבִקְלִפַּת אֱגוֹז דַּקָּה
יֵצֵא, יַפְלִיג, יַגִּיעַ: הוּא שַׁלִּיט
עַל אֶשְׁכּוֹלוֹת שֶׁל עוֹלָמוֹת אֵין־סְפוֹר.

14

מֹחַ מְגַשֵּׁשׁ סְבִיבוֹ: הוּא מֻקָּף.
הַגֻּלְגֹּלֶת אֵינֶנָּה מִפְלָט.

10

He would like to be faithful
only to himself,
to be pure and void,
void of memory like a mirror.

11

He is a moon whose *two* sides
are forever dark.

12

Brain counts
seconds on his journey from one star to the next.
Years on his journey from one grain of sand to the next.
Eons on his longest journey: to Brain.

13

A time of peace. He pampers himself a bit
by thinking
that far away, somewhere in outer space,
in some unguessed-at nebula,
between the stars that melt to milky haze,
some Purpose is waiting for him—still obscure,
but his, entirely his. Tomorrow, or
the day after tomorrow (who can tell?),
he may strip off his somber prison clothes,
and in a nutshell
blithely he'll take off, and fly, and land:
the sovereign of worlds without end.

14

Brain gropes around: he is surrounded.
No refuge in the skull.

בַּמָּבוֹךְ מִתְפַּתֵּל
הַמָּבוֹךְ.

מֹחַ עַכְשָׁו עֲנָקִי: עָנָן אָפֹר,
כָּבֵד מְאֹד. בְּתוֹךְ לֹעַ הֶעָנָן הַזֶּה תָּקוּעַ
בָּרָק עָקֹם. לֹא לְהָקִיא וְלֹא לִבְלֹעַ.

רֶגַע־רֶגַע: מֹחַ שׁוֹמֵעַ אֶת עַצְמוֹ
מְתַקְתֵּק רֶגַע־רֶגַע.
פִּצְצַת זְמַן?
לָזֶה לֹא הָיָה מוּכָן בִּכְלָל.
לֹא הָיָה עֵר.

אֲבָל מֹחַ מִתְנַעֵר מִיָּד
וְגוֹזֵר: אֲנִי רַק חֲלוֹם.

15

מֹחַ קוֹלֵט אוֹתוֹת
מִמֶּרְחַקִּים עֲצוּמִים.
בֶּחָלָל, מֵעֹמֶק שְׁנוֹת־חֹשֶׁךְ מִמֶּנּוּ
צֹפֶן חַי מַגִּיעַ אֵלָיו:
עוֹלָם אַחֵר מְשַׁדֵּר בְּלִי הֶרֶף, כָּמוֹהוּ,
בְּלִי תְּנוּמָה, כָּמוֹהוּ,
בְּלִי דַּעַת.
– – לֵב?

16

מֹחַ סוֹקֵר בְּסִפּוּק אֶת מֶרְכָּזָיו:
מֶרְכָּז לַדִּבּוּר, מֶרְכָּז לַכָּזָב,
מֶרְכָּז לַזִּכָּרוֹן
(שִׁבְעִים שָׁעוֹן וְשָׁעוֹן, לְפָחוֹת, וְכֻלָּם שׁוֹנֵי שָׁנִים),
מֶרְכָּז מְיֻחָד לַכְּאֵב – –
פִּתְאֹם
(מִי מְדַבֵּר בְּבַקָּשָׁה? מִי שָׁם?)
הוּא נִדְהָם מִפְּנֵי חֲדָשָׁה מַרְעִישָׁה:

Inside the maze twists
the maze.

Brain is now enormous: a gray cloud,
a very heavy cloud. In the throat of this cloud
sticks
a jagged lightning-bolt.

Wait a second: Brain hears himself
ticking off the seconds.
A time-bomb?
He wasn't ready for that.
He was off his guard.

But Brain shakes himself free
and declares: I'm just a dream.

15

Brain receives signals
through immense distances.
From space, from a depth dark-years away,
a living code reaches him,
another world broadcasting without cease, like himself,
without sleep, like himself,
without knowledge.

A heart?

16

Brain, pleased, surveys his centers:
a center for speech, a center for lies,
a center for memory
(seventy clocks, at least, each keeping its own time),
a special center for pain—
Who is speaking, please? Who's there?
Suddenly he hears the astounding news:

קַיָּם מַעְגָּל נֶעְלָם
שֶׁמֶּרְכָּזוֹ בְּכָל מָקוֹם
וְהֶקֵּפוֹ בְּשׁוּם מָקוֹם אֵינֶנּוּ:
מֶרְכָּז קָרוֹב כָּל כָּךְ
שֶׁלְּעוֹלָם
לֹא יוּכַל לִרְאוֹתוֹ.

17

עַכְשָׁו הוּא כְּבָר רוֹאֶה אֶת הַנּוֹלָד:
הוּא יִפָּרֵד לְאַט, בְּאִי רָצוֹן,
וּקְצָת בְּאִי סֵדֶר.
רִאשׁוֹן
נוֹטֵשׁ אוֹתוֹ הַפַּחַד
וְנִמְלָט.
אַחַר כָּךְ הוּא נִפְטָר מִן הַלַּעַג,
מִבְּדִיחוּת הַדַּעַת,
מִלָּשׁוֹן נוֹפֵל עַל לָשׁוֹן.
אַחַר כָּךְ נִתָּקִים נְחוּשָׁיו.

זְמַן מָה הוּא מִשְׁתַּהֶה: הֲרֵי הָיָה כָּאן מַשֶּׁהוּ,
קָרוֹב מְאֹד, מַטְרִיד. מַה זֶּה הָיָה – –

אַחַר כָּךְ כְּבָר אֵינֶנּוּ נִדְרָשׁ לִזְכֹּר.

אַחַר כָּךְ
הוּא נִשְׁכָּח
וְהוּא אוֹר

There is a hidden circle somewhere
whose center is everywhere
and whose circumference is nowhere;
a center which is so near
that he will never
be able
to see it.

17

Now he sees what is to come:
he will depart slowly, reluctantly,
and in some disorder.
First
his fear deserts him.

Then he is without the sarcasm,
the joking around,
the puns.
Then his conjectures are disconnected.
He lingers on for a while: something was here once,
very near, a nuisance. What could it have been—

Then he no longer has to remember.

Then
he is quite forgotten,

and he is light.

Dan Pagis was born in 1930 in Bukovina (formerly Austrian, then Romanian, now partly Russian). During the Second World War he spent three years in a Nazi concentration camp. In 1946 he went to Israel, learned Hebrew, and became a teacher in a kibbutz. He settled in Jerusalem in 1956 and obtained a doctorate from the Hebrew University, where he is now professor of medieval Hebrew literature. He has also taught at the Jewish Theological Seminary in New York, Harvard, and the University of California at San Diego and Berkeley. He has been publishing poems since 1949, translations (mainly from German), a story book for children, and scholarly studies. His books of poems are: *The Shadow Dial* (1959), *Late Leisure* (1964), *Transformation* (1970), *Brain* (1975, 1977), and *Twelve Faces* (1981). Among his scholarly works are: *The Poetry of David Vogel* (1966, 4th ed. 1975), *The Poetry of Levi Ibn Altabban of Saragossa* (1968), *Secular Poetry and Poetic Theory—Moses Ibn Ezra and His Contemporaries* (1970), and *Change and Tradition: Hebrew Poetry in Spain and Italy* (1976). He is married, has two children, and lives in Jerusalem.